子育てのための なでしこ流メソッド20

監修 岡本ハーベスト保育園 園長 片山真知子

河出書房新社

［制作］
マンガ絵・イラスト──黒川徳子
本文デザイン──冨澤 崇・冨澤由紀枝 (EBranch)

装丁──────杉浦久夫 (Studio Super Compass)

はじめに

保育園に入園を希望するとき、施設見学をする方が大変多くなっています。その中で、一番多い質問が「保育園での一日の過ごし方」についてです。大切なわが子が毎日通い、一日の大半を過ごすわけですから、不安な気持ちはよく理解できます。本書は、「なでしこ保育園」を通して、保育園で過ごす子どもたちの生活と成長を紹介しています。

保育園に通う子どもたちは、親から離れている時間をどのように過ごしているでしょうか。現在、全国におよそ２万３千カ所（厚生労働省平成23年４月）の保育園が存在します。その一つひとつに保育方針・理念・目標があり、役割があります。また、子どもを取り巻く環境もそれぞれに違います。本書を制作するにあたって、保護者の視点で見た時に疑問や不安が生まれそうな点を探りながら、保育園の姿を描こうと努めました。そして、架空の「なでしこ保育園」を通じて保育園を見つめたその過程で、家庭を取り巻く環境も家族構成も異なるそれぞれの家族がもつ日頃の育児の悩みや、集団生活をする保育園での子どもに関わるルールが改めて見えてきました。

こうして探り出した子育てのヒントが、少しでも子育ての悩みを解決するお役に立てば幸いです。また、子どもと向き合い、日々生活する中で子どもの気持ちが分からなくなって悩んでいる方にも是非読んでもらいたいと考えています。

この本に登場する家族を通して、仕事で頑張る子育て真っ最中のご家族が、子どもの気持ちを一番に考えて子育てしていくことができるよう、心からエールを送ります。

監修　岡本ハーベスト保育園 園長　片山真知子

目次

はじめに ……… 1

01 安心して子どもを預けるには

なでしこ保育園のメンバー ……… 6
ようこそなでしこ保育園へ ……… 8
なでしこ保育園の生活 ……… 10

『今日から保育園です』 ……… 14
子どもの安心は、"大人の笑顔"から／子どもの様子を伝え合う
お迎えの時間を大切に ……… 22
「いつも一緒にいられなくてごめんね。」 ……… 23
慣らし保育期間の様子 ……… 23
お迎えでのマナー ……… 24

なでしこ流メソッド 1 ……… 25

02 子どもの健康と安全を守る

『たっくん、水ぼうそうにかかる』 ……… 26
病気は"早期発見・早期回復"／子どもの体調はきめ細かく共有
情報の活用で病気や怪我の予防を／
安全を守る環境・仕組みづくり ……… 35

なでしこ流メソッド 2・3 ……… 40

03 保育士さんとのコミュニケーション

『ほいくえんすき。ママすき。』 ……… 41
"子どもの姿"が映る「おたより」や掲示板／
早めの相談で早期解決
活用しよう！連絡ノートと掲示板 ……… 49
「こんなに若い先生で大丈夫？」 ……… 50

毎朝の習慣にしよう─子どもの体調チェック ……… 36
登園の判断 ……… 37
どうしても仕事が休めない時には ……… 37
つけてみよう！「うんこ調べ」表 ……… 38
保育園の事故防止対策 ……… 39
怪我が教えてくれること ……… 39

04 子どもの思いに耳を傾ける

『おねえちゃんは、ずるい！』 ……… 54
「解決力」をつける／本当の原因を探る
子どものケンカ ……… 62
子どもの「イヤイヤ期」への対応 ……… 63
「おとなしい子がうらやましい！」
なかなか伝えられない、「してしまったこと」 ……… 64

なでしこ流メソッド 4 ……… 53

2

目次

05 きちんと躾をする
なでしこ流メソッド 5 …66

『みみちゃんの「ありがとう」』
まずは大人がやって見せる／気持ちの良い挨拶を …67
子どもの躾 …75
「えらいね」よりも「ありがとう」 …76
「褒め上手」に加えて「叱り上手」になろう …76
「どうしてちゃんとできないの？」 …77
これだけは「厳しく」伝えたい …78

06 子どもの生活リズムを整えるには
なでしこ流メソッド 6・7 …79

『よりみち作戦、始動』
保育園のリズムのひみつ／一人ひとりに合わせた対応を …80
「マイペース」を作ろう …88
子どもの「眠り」 …89
「ただいま」から「おやすみ」までの過ごし方 …90

07 感じる心を育む
なでしこ流メソッド 8 …92

『七月七日は何の日』…93

08 いのちの大切さを実感できるようにする
なでしこ流メソッド 9・10・11 …106

『のんちゃんと百歳の樹』
いろいろな「いのち」に触れる／種をまき、また種を取るまで …107
お誕生日は"最高に嬉しい日" …115
「のんちゃんはどうして平気なの？」
見に行こう、触れてみよう …116
生き物に教えられる「いのち」のこと …117

おもちゃで遊び、おもちゃで学ぶ／
子どもの感性を刺激する「しかけ」づくり …101
行事をとおして文化を知る …102
「感動」のお手本になる …102
おもちゃ …103
絵本 …104
親子でつくる絵本の思い出 …105

09 食事をとおして心を育てる
なでしこ流メソッド 12・13 …118

『ぜんぶ食べたよ』
自分で栽培したもののおいしさを知る／食事の時間は楽しく！ …119
食事は準備から片づけまで …127
一緒に食べるからこそ、おいしい …128

10 子どもの成長をゆっくり見守る

『とってもよくがんばりました』

- 一人ひとりの"いま"を楽しむ／挑戦を促すサポートを
- 頑張ったことをかたちに
- 「12カ月」をお忘れなく
- 見守るための心構え
- 行事で感じる「一年間」の成長

なでしこ流メソッド 14・15

- 「どうして食べてくれないの?」特別な日のハンバーグ
- 「いただきます」は誰に言うもの?

11 まわりと協調する

『ママたちの新発見』

- お友だちが帰ってからも楽しく／異なる年齢の子どもとかかわる
- みんなで遊ぶ楽しさを知る
- ゆっくり「おにいさん」「おねえさん」になる

なでしこ流メソッド 16

なでしこ流メソッド 17

- 「超マイペースだと思ってた!」

12 地域とのつながりを感じられるようにする

『この町が好きです』

- 地域の一員として活動する／地域を知る機会を増やす
- 地域の親子の触れ合い
- 「みんなが気持ち良く」を考えるレッスン
- 遠足で広がる社会
- 楽しい「お出かけ」の前に

なでしこ流メソッド 18・19

心とからだをつなぐ リトミック

13 小学一年生になったら

『卒園おめでとう!』

- 身近なものを"教材"にする／知ることの面白さを伝える
- 小さなきっかけを積み重ねよう
- 「うちの子、ついていけるかな?」
- みんなで一緒に

なでしこ流メソッド 20

おわりに

なでしこ流メソッド

1. 「会いたかったよ」を伝えるお迎え。 …… 25
2. させていい怪我、いけない怪我。 …… 40
3. たくさんの目で保つすこやかさ。 …… 40
4. コミュニケーションは喜びの素。 …… 53
5. ケンカが教えてくれること。 …… 66
6. 素敵でいると、真似してくれる。 …… 79
7. 「嬉しいな」が褒め言葉。 …… 79
8. 安心すると、眠くなる。 …… 92
9. おもちゃのかたちの愛情。 …… 106
10. 読み聞かせが伝える温もり。 …… 106
11. 思い出が育む日本の心。 …… 106
12. 生き物は「いのち」の先生。 …… 118
13. 誕生日には「生まれてきてくれてありがとう」。 …… 118
14. 食卓には楽しさを。 …… 132
15. 「おいしい」はお手伝いから。 …… 132
16. くらべる相手は「一日前」。 …… 145
17. ひとつの出会いが、ひとつの長所に。 …… 157
18. 社会につながるお出かけ。 …… 175
19. 地域を「居場所」に。 …… 175
20. 好奇心はエネルギー。 …… 187

「なでしこ」に込めたもの

　なでしこ——可憐で楚々としたたたずまいのなかに宿る気風を教えてくれる言葉です。それは、やさしさと謙虚さ、つよさと気高さを併せもつ人間性を示すものでもあります。自らの力で未来を拓き、人を愛し人に愛されて生きていくことのできる人間を育むための「心の教育」を、一世紀近くにわたって続けてきた学校法人が、2007年に保育園を立ち上げ、ここでも心の教育を実践してきました。本のなかに出てくる架空の保育園の名には、未来を担うすべての子どもたちへの思いを込めています。

保育園では、
さまざまな役割を持つ職員によって、
子どもたちが安心して過ごせる
環境が築かれています。

なでしこ保育園のメンバー

保育園で待っています！

子どもの体調に異変があった際のチェックや応急処置を行う看護師です。体のしくみや、「健康」のために必要な知識を子どもに伝える役割も担っています。

子どもたちにとって最も身近な存在である保育士です。保育園での生活を見守り、年齢に応じた能力を身につけていけるよう導きます。

子どもに必要な栄養のバランスを考えながら、旬の食材や季節の行事食を取り入れた給食を作る栄養士と調理師です。

園長は、保育士を束ね、保護者への総合的な窓口をつとめながら保育園の運営を担う立場にあります。

なでしこ保育園のメンバー

これからなでしこ保育園で出会う四組の家族です。
あれ、どの子も横を見たり後ろを見たり…
本編を読み進めるうちに、一人ひとりのキャラクターが明らかになります。

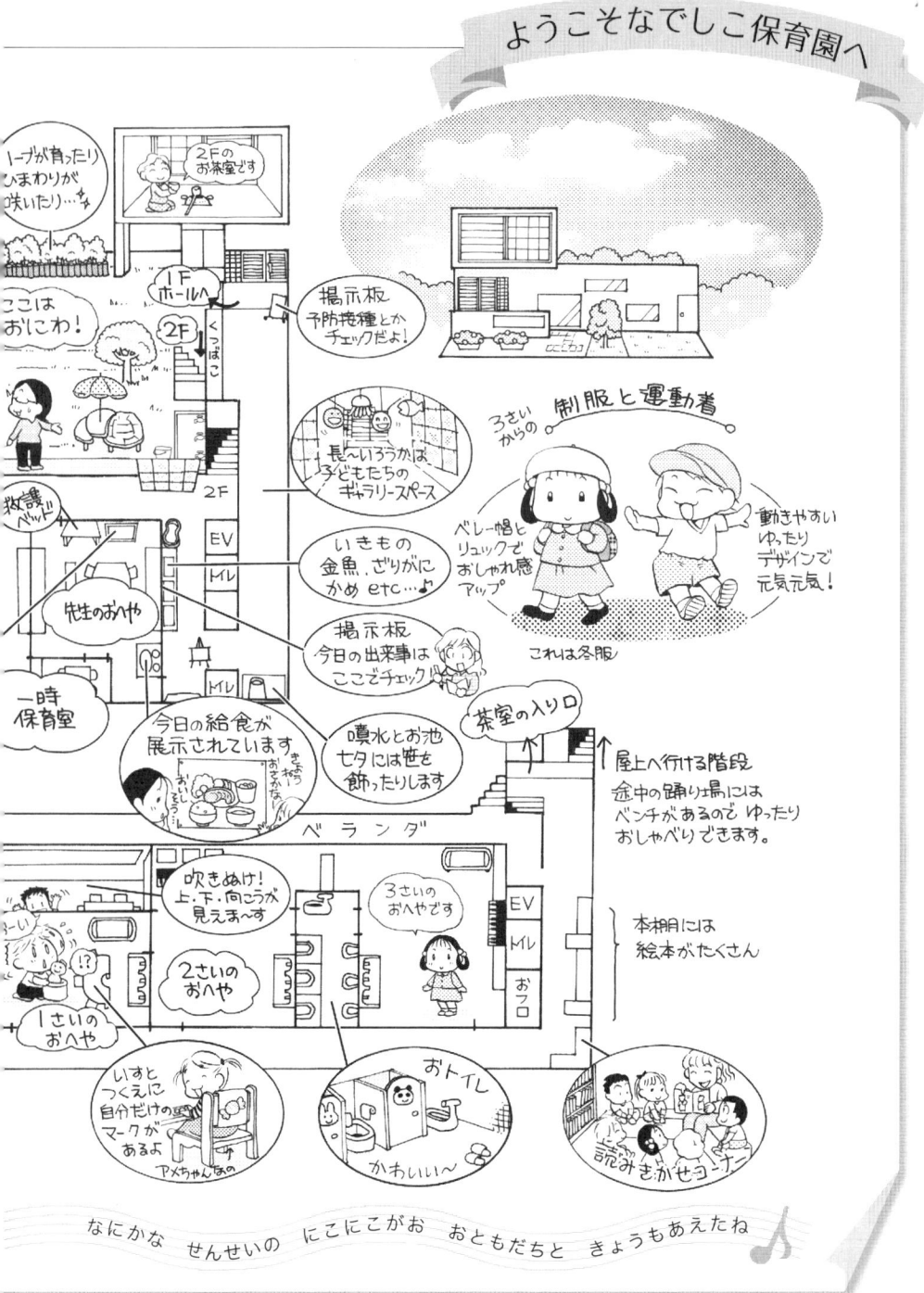

ようこそなでしこ保育園へ

9

なでしこ保育園の生活

一日のはじまり

開園時刻は園によりさまざまですが、なでしこ保育園の場合は7:00開園、9:00までに登園することになっています。
登園してきた子どもから順に一人ずつ、「視診」・「触診」による健康観察を行います。

一日のスケジュール

朝の登園からお迎えの時間まで、子どもたちは保育園でどのように過ごしているのでしょう。

運動あそび

5歳児は毎朝、設定保育までの時間に、園内のホールで跳び箱、鉄棒、マット、フープなどに取り組みます。

7:00　順次登園
　　　健康観察・連絡ノート確認

早朝保育　8:30　おかたづけ

　　　　　9:30　おあつまり（乳児は朝のおやつ）
　　　　　　　　絵本の読み聞かせ
　　　　　9:50　朝の体操

通常保育　10:00　クラス別設定保育
　　　　　　　　・なでしこタイム（異年齢保育）

設定保育

子どもたちが、一日でもっとも集中し、ものごとを吸収しやすい時間帯です。
リトミック、製作活動、園庭あそび、お散歩、夏のプールなど、活動の内容は日によってさまざま。年齢が大きくなると、園外に出かける機会も多くなります。

　　　　　11:30　昼食
　　　　　　　　（乳児は11:00から）
　　　　　12:30　午睡

お迎え

自由に遊びながら、それぞれのお迎えの時間に合わせて降園の準備をします。17:00〜18:00頃がお迎えのピークです。延長保育の時間になる17:30以降は、年齢に関係なく一つの部屋に集まって、お迎えの時間まで楽しく過ごします。

保育終了 **19:00**

おやつ **18:00**

異年齢での自由遊び（0〜5歳）

順次降園 **17:30**

延長保育

降園準備

おあつまり **16:00**

午後の活動
絵本の読み聞かせ

おやつ **15:00**

目覚め **14:30**

絵本の読み聞かせ

毎日平均して4回以上、読み聞かせの時間があります。子どもたちは、読み聞かせに繰り返し接するうちに、「お気に入り」のお話ができて、絵本を楽しむようになっていきます。

昼食

なでしこ保育園は完全給食で、栄養士・調理師・保育士が相談して献立を作っています。
アレルギーを持つ子どもには、別の献立を用意して、みんなが安心して美味しく食べられるようにしています。午睡から目覚めた後のおやつも手作りです。

月間の活動

設定保育の時間を使って、月に数回のペースで行われている活動もあります。

お話会・リトミック (それぞれ月1回)

保育士による毎日の絵本の読み聞かせとは別に、地域で活動するボランティアの講師を招いて行なっているのが「お話会」です。またリトミックも、専門家による指導のもとで、新しいテーマや、普段よりもぐっと難しい動きに挑戦したりします。

お誕生会 (月1回)

お茶会 (月1回・5歳児のみ)

園外保育 (ほぼ毎月・年長クラス)

電車に乗って、プラネタリム、空港、水族館など地域のさまざまな場所へ出かけます。目的地までの行き帰りに乗る電車も、子どもたちにとっては楽しみの一つです。

保健衛生の話 (月1回)

子どもたちが自分の「からだ」を知り、「健康」や「病気の予防」について考え・理解するきっかけをつくるため、「身だしなみ」「ぎょう虫」「むし歯」「生活習慣」などのテーマで看護師が語り聞かせます。

英語あそび (月2回)

日本人とネイティブの先生を講師に迎えて、あいさつの言葉や英語の歌を楽しみながら覚えます。世界には、「日本語を話す日本人」とはちがう人たちがいる、ということを自然に受けとめる経験につながります。

身体測定 (月1回)

避難訓練 (月1回)

地震や火事といった災害に加え、不審者の侵入といった非常事態を想定した訓練を行います。地域で行う避難訓練にも積極的に参加しています。

12

一年の行事

日本の伝統行事や季節と結びついた行事のほか、子どもたちの日々の成長を発表するための行事などがあります。

月	行事
4月	入園式
5月	保育参観
6月	プラネタリウム
7月	七夕の集い プール開き お泊り保育 縁日ごっこ
8月	保育参観
9月	お月見アワー 敬老の日ポストカード投函
10月	運動会 芋ほり
11月	遠足 保育参観 作品展
12月	音楽会 クリスマス会
1月	お正月遊び
2月	節分の集い 生活発表会
3月	ひなまつり お別れ会 卒園式

Chapter 01

安心して子どもを預けるには

もうすぐ、なでしこ保育園に春がやってきます。
不安でいっぱいの入園の先には——

#『きょうから保育園です』

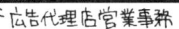

Chapter 01 安心して子どもを預けるには

Chapter 01 　安心して子どもを預けるには

Chapter 01 安心して子どもを預けるには

Chapter 01 安心して子どもを預けるには

先輩ママ＆保育士に学ぶ！

01 子どもの安心は、"大人の笑顔"から

[先輩ママの声]

保育園で別れ際に子どもが泣き出した時、私が後ろ髪をひかれていたりすると、子どもがますます泣くことに気づきました。最初はつらかったけど、先生を信じて笑顔で仕事に行くようにしたら、少しずつ子どもの不安も和らいでいったみたい。いつの間にか、ほとんど泣かなくなりましたよ。（桜木）

[保育園から]

期間はその子によって異なりますが、いずれはどの子も保育園に慣れてきます。私たち保育士は子どもたちを迎える時、少しでも安心できるように笑顔で接し、登園を「楽しみに待っていた」ことを言葉と行動で伝えます。楽しい場所には早く慣れるもので、そうしたことを子どもの安心につなげています。（岬）

02 子どもの様子を伝え合う

[先輩ママの声]

保育園に慣れてくるにつれて、お迎えの時に意識して保育室で過ごす様子を見たりする余裕が出てきました。先生やお友だちと楽しく過ごしていることが分かって安心し、保育園への信頼も増しました。（桜木）

[保育園から]

保育士がきちんと自分の子どものことを気にかけている、と理解してくださっているからこそ、たとえ朝の別れ際に子どもが泣いていても、お母さんは安心して仕事に向かえるのだと思います。そのためにも、お迎えの時には、子どもがその後どのように泣きやんだか、どうやって遊んでいたか、までをしっかりとお母さんに伝えるようにしています。（浅見）

Chapter 01　安心して子どもを預けるには

03 お迎えの時間を大切に

[先輩ママの声]

保育園に子どもを迎えに行く時は、早く会いたくてつい小走りになります。仕事で疲れていても、「ただいまー！」と元気に声をかけると、子どもも保育園の先生も、「おかえりなさい」と元気に笑顔で迎えてくれます。明日も頑張ろうって思えます。（桜木）

[保育園から]

お迎えの時は、子どもにとってドラマチックなことです。小さな子ならお母さんに抱きしめてもらいたいし、5歳児でもその日あったことについておしゃべりしたい。

お迎えの時にお母さんが嬉しそうにしていると、たとえ12時間離れていても、子どもはお母さんの愛情をしっかりと感じることができますよ。（園長）

お母さんの気持ち 「いつも一緒にいられなくてごめんね。」

「毎日あんなに泣かせてまで　私仕事を続けるの？」——保育園に通い始めて、大泣きがなかなかおさまらないたっくんの様子を見て、桜木さんは自問自答していました。できるだけ子どものそばにいて、子どもを安心させたい。でも私には、子どもと離れてやらなくてはいけないことがある——そんな二つの「想い」のそれぞれの重さに、自分ひとりで向き合うのは、とても大変なことです。子どもとお母さん、二人の安心のために、保育園はお母さんの想いを受けとめます。

子どもは、お母さんのことが大好きです。お母さんが近くにいると、安心します。でも、たとえお母さんが「いつも一緒」にいなくても、お母さんの「大好き」が伝わっていれば、離れている時間も心穏やかに過ごすことができます。「やらなくてはいけないこと」のために使う時間を、どうか自信を持って過ごしてください。その時間がきっと、お母さんの笑顔をさらに輝かせるでしょう。その笑顔を、たくさんの愛情とともに、子どもに向けてください。

ピンポイントで見る 慣らし保育期間の様子

「一日中いつでも一緒」だった毎日に訪れる大きな変化——。

入園が心配でたまらない、というお母さんに、慣らし保育期間の子どもの様子をご紹介します。

「人見知り」後はゆっくりと

年齢が大きくなると、保育園がお家とは全く違うということが分かるため、新しい環境に慣れるまでに少し時間がかかります。とくに「人見知り」が始まっている場合は、保育士に対する安心感が養われるまでの間は、お母さんとのお別れの度に大泣きしてしまうはずです。しかし、どんなに泣いていた子どもも、一ヵ月もする頃には保育園が「居心地の良いところ」になって、安心して過ごせるようになるので、心配はいりません。

赤ちゃんは意外とへっちゃら

子どもが小さければ小さいほど、離れる時の心配は大きくなりがちです。しかし多くの場合、物心がつく前の赤ちゃんの方が、保育園の環境にスムーズに慣れることができます。赤ちゃんは、お家と保育園との違いを、はっきりとは自覚していないため、「居心地の良いところ」であれば、新しい環境であってもすぐになじんでしまうためです。

お迎えでのマナー

入園したばかりの頃にどんなに泣いていた子も、保育園での生活に次第に慣れて、お迎えの時間まで機嫌よく過ごせるようになります。また保育園では、延長保育の時間になると、いろいろな年齢の子どもたちが一緒に過ごせるようにして、同じクラスのお友だちが帰ってしまったあとの時間も、楽しいものになるよう工夫しています。

それでも、お迎えに来た他の子のお母さんを見て、自分のお母さんを思い出して泣き出してしまうケースは珍しくありません。後に残っている子どもたちが、お迎えの時間を楽しく待つためには、先にお迎えに来たお母さんたちの協力も必要です。まだ保育園に残っている子を思いやり、準備ができたら早めに帰りましょう。

なでしこ流メソッド

1
「会いたかったよ」を伝えるお迎え。

保育園のお迎えでは、「お母さんも嬉しそう」という実感を届けたい。顔を見たら、「ただいま」「待たせてごめんね」の言葉とともに、笑顔で思い切り抱きしめる。

Chapter 02

子どもの健康と安全を守る

大抵のことは、「心配しすぎない・気にしすぎない」でうまくいきます。
でも、これだけは「備えすぎ」ということがありません。

#『たっくん、水ぼうそうにかかる』

Chapter 02 子どもの健康と安全を守る

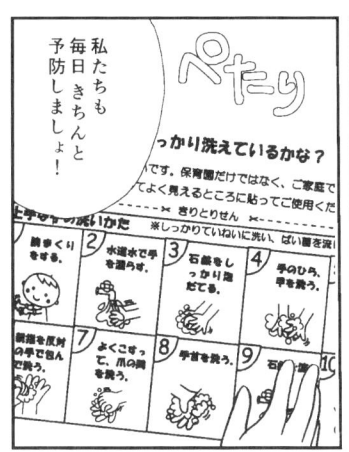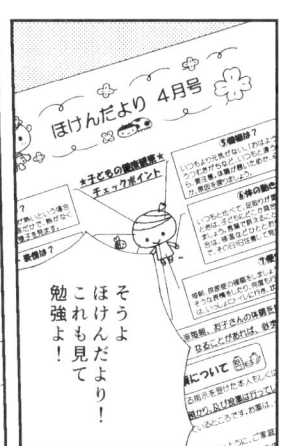

Chapter 02　子どもの健康と安全を守る

31

Chapter 02　子どもの健康と安全を守る

先輩ママ＆保育士に学ぶ！

01 病気は"早期発見・早期回復"

[先輩ママの声]

1歳で入園してからしばらくは、よく風邪を引いて熱を出したりすることがありました。仕事があるので少し無理して保育園に預けたいとも思いましたが、そうすると結局なかなか治らず、毎日のように早退することに。職場にも相談して、できるだけ初期段階で休むようにしました。（桜木）

[保育園から]

保育園では毎朝必ず、その日の子どもたちの体調を確認（見る・触れる）します。保育の途中で体調が悪くなった場合は、保護者に迎えに来てもらいます。子どもの異変にできるだけ早く気づき、早い段階で治してもらえるようにする。そうすればお母さんも、子どもの病気が長引いて、何日も仕事を休んだりしなくてすみます。（岬）

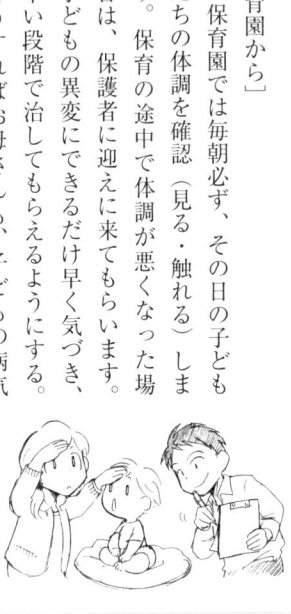

02 子どもの体調はきめ細かく共有

[先輩ママの声]

家で下痢をしていたことを伝え忘れたり、見えないところに湿疹ができていたことに気づかず登園させて、あとから連絡を受けたり……といったことがあって、反省。朝は必ず子どもの状態をよく確認して、少し吐いた、転んだ、夜中に熱が出た、朝いつもより熱っぽかったなど、ちょっとしたことでも先生に伝えるようにしています。（桜木）

[保育園から]

頭を打ってもたんこぶができなかったり、夜熱が出ても朝には下がっていたりすると、つい連絡を忘れがちですが、体調の異変に関わる出来事は、翌日の必須連絡事項になると考えてください。同様に、寝不足や食欲がない、など、登園時の朝の体調チェックでは分かりにくいことも、保育士に伝えましょう。（岬）

34

03 情報の活用で病気や怪我の予防を

[先輩ママの声]

初めての育児だと、何が異変で、何が普通のことなのかも分からないですよね。そこで私は、保育園からの「おたより」や、掲示板などをしっかりと確認するよう習慣づけています。子どもの健康に関する情報がたくさんあるので、毎日の体調チェックなどに役立てています。（桜木）

[保育園から]

保育園からは、「おたより」などをとおして、子どもによくある病気、流行している感染症などの情報を保護者に提供したり、体調のチェックポイントなどを紹介したりしています。子どもにも保健衛生指導を行い、からだの仕組み（うんち・おしっこ・虫歯・骨・血など）を知ったり、正しい手洗いやうがいなどの習慣をつけたりすることにつなげています。（野口）

04 安全を守る環境・仕組みづくり

[先輩ママの声]

保育園では、お迎えに行く人や時間を連絡ノートに記入して、変更する場合は事前に連絡しています。セキュリティをきちんとしてもらおうとすると、面倒だと感じるような決まりごとも出てくるものです。でも、予定と違う人でもすんなり帰してもらえたら、それはそれで不安。安心して預けるためには必要なことだと思います。（桜木）

[保育園から]

保育園にいる子どもたちの安全を守ることは、私たちの最も基本的な役割です。お迎えに来る人の把握に加え、施設や遊具の安全確認や、あらゆるシチュエーションを想定した訓練も行っています。また緊急時でも確実に連絡をとれるように、電話とメールからなる保護者との連絡網を整備しています。（園長）

毎朝の習慣にしよう　子どもの体調チェック

あわただしい朝でも、子どもの体調チェックは欠かさずに！
早期発見・早期回復の一番の近道です。
食べない・起きない・元気がない、など
明らかにいつもと違う様子がみられたら、病院で受診します。

機嫌
- いつもより元気がなく、うつむきがち
→ 体調のせいか、心理的なものか、言葉をかけながら原因を探ります。

熱・咳
- 顔が火照っている
- いつもより手が熱い
- 咳が出ている
→ 検温しましょう。

顔色・表情
- 顔が赤い、青白い
→ 検温しましょう。

体の動き
- 足取りが重く、だるそう
→ 子どもに具合の悪いところはないか尋ねます。まだ話せない年齢の場合は様子を見守ります。

言葉
- 「気持ち悪い」「疲れた」「眠い」「寒い」「暑い」と言う
→ 検温したうえで、様子を観察します。また、激しい動きは控えさせます。

便や尿の状態
- つらそうな表情でトイレに行く
- 何度も行きたがる
- いつもより時間がかかっている
→ 一緒にトイレに行き、尿や便の状態を確認します。

肌の状態
- 発疹が出ている
→ 水痘など、感染症が流行している場合は、とくに注意が必要です。早めに受診しましょう。

Chapter 02　子どもの健康と安全を守る

ピンポイントで見る
登園の判断

こんな時、あなたなら子どもの登園をどのように判断しますか？
きちんと回復できていないうちに外出して症状を悪化させたり、感染症を広めたりすることのないように、的確な基準に基づき判断を下します。

Case 1

昨晩38.0℃以上の熱が出た。今朝は、咳は出ているが、熱は平熱になった。

▼

咳が出ていても、解熱剤を用いることなく熱が下がっているようであれば、登園可能です。ただし、インフルエンザをはじめ、りんご病やおたふく風邪など、感染症が流行している場合には、感染の恐れがないという診断を受けたうえでの登園が望まれます。

Case 2

昨晩発熱があったので解熱剤を使った。今朝は37・4℃である。

▼

熱が37・5℃以上ある時は登園することができません。また、熱が37・5℃を下回っていても24時間以内に解熱剤を使用している場合は、解熱剤の効果が持続しているとも考えられるため、登園せずに様子を見る必要があります。（37・5℃は感染症法で「発熱」の基準とされる体温です。平熱が37℃以上ある場合はこの限りではありません。）

Case 3

昨晩、2度嘔吐したが、今朝は朝食と水分を普通に摂った。

▼

受診しましょう。感染の恐れがないという医師の診断を受けていれば、登園可能です。

保育園では、客観的な判断の基準として、厚生労働省が定める『保育所における感染症対策ガイドライン』を指針にしています。インターネットより、全文の閲覧が可能です。（ケース1～3の内容は、平成24年改訂版「別添2　子どもの病気　～症状に合わせた対応～」を元に構成しています。）

どうしても仕事が休めない時には

保育園では、原則として、病気の子どもを預かることはできません。しかし、子どもが風邪気味だけど、仕事を休むのが難しい。熱が出たという連絡を受けたけど、出張先にいてすぐにお迎えに行けない。急な協力を頼めるような人が近くにいない——といったケースは往々にして考えられます。
こうした時のために、各自治体のファミリーサポートセンター（名称は自治体によって異なります）や、病児保育を行う施設、またベビーシッター会社などの利用を前もって検討しておきます。お迎えの代行や、不規則な時間指定に対応してくれるところもあります。サービス内容や料金などはそれぞれ異なるので、役所や保育園にも相談して、事前に情報を集め、困った時の選択肢を増やしておくと安心です。

つけてみよう！「うんこ調べ」表

今日一日の、子どもの便はどんな様子でしたか？
便にもいろいろな種類があり、子どもの健康状態をみるうえでのヒントになります。
睡眠時間はどれくらいだったか、朝食は何を食べたか、どれくらい運動したか——
などを踏まえて、毎日の便の様子をメモしてみましょう。
生活リズムが整うと、「うんち」（バナナうんち）が多くなります。

うんち（バナナうんち）
きれいな茶色で、においが少ない。規則正しい生活をしていて、健康体な時に出る。

うんぴ
下痢便。黄色っぽく、においが強い。食べ過ぎによる消化不良、冷たいものの食べ過ぎ、風邪、ストレスによる。

うんにょ
うんぴほどではないが、やわらかめで、黄色っぽいか、茶色。消化不良を起こしている。

うんご
黒っぽい茶色で、固く、においが強い。野菜不足だったり、便秘気味である。

まずは1週間つけてみよう

月日 げつようび	あさ	ほいくえん	よる
うんぴ			
うんにょ			
うんち			
うんご			

月日 かようび	あさ	ほいくえん	よる
うんぴ			
うんにょ			
うんち			
うんご			

月日 すいようび	あさ	ほいくえん	よる
うんぴ			
うんにょ			
うんち			
うんご			

月日 もくようび	あさ	ほいくえん	よる
うんぴ			
うんにょ			
うんち			
うんご			

月日 きんようび	あさ	ほいくえん	よる
うんぴ			
うんにょ			
うんち			
うんご			

月日 どようび	あさ	ほいくえん	よる
うんぴ			
うんにょ			
うんち			
うんご			

月日 にちようび	あさ	ほいくえん	よる
うんぴ			
うんにょ			
うんち			
うんご			

「うんち」が出ているかな？

ピンポイントで見る 保育園の事故防止対策

事故を防止し、子どもの安全を守るため、保育士は一日の活動の中でいくつもの配慮事項を意識しながら、保育にあたっています。

家庭でも気をつけたい配慮点には、例えばこのようなものがあります。

外遊び

✤ 両手が自由に使える（片手におもちゃを持ったり肩からカバンを提げたりしていない）こと、またフードやスカートなどが、引っかかったり挟まったりする恐れのない服装であることを確認する。

▽ 転倒や、遊具などへの"巻きつき"の可能性があるため。

✤ 複数人が一緒に遊ぶ場合は、「順番を守って」「急に飛び出さない」を徹底する。

▽ 不意な衝突の可能性があるため。

睡眠

✤ うつぶせに寝かせない。顔にタオルや掛け布団がかからないようにする。

▽ 窒息や乳幼児突然死症候群（SIDS）のリスクを軽減するため。SIDSは、明確な原因がない状況下で、乳児が呼吸停止により睡眠中に突然死してしまう病気。発症の直接の原因ではないが、うつぶせ寝をやめることでリスクが低減するとされている。

✤ 寝顔や呼吸の状態（寝息・胸が上下する様子）をたびたびチェックする。

トイレ

✤ 清掃に用いる洗剤や芳香剤などを手の届く場所に配置しない。

▽ 誤って飲んだり素手で触れたりする可能性があるため。

✤ 床が濡れているときはすぐにふき取る。

▽ 滑って転倒する可能性があるため。

散歩・着替え・おむつ交換

✤ 腕を強く引っ張らない。

▽ 肘内障（前腕を構成する長骨の軽度の亜脱臼が起った状態になること）を引き起こす可能性があるため。

怪我が教えてくれること

子どもたちが保育園に慣れ、思いきり遊ぶようになると、園内での怪我が多くなります。子どもが痛い思いをするのはできるだけ避けたいと思うのが親の気持ちであり、保育士も日々、子どもの身に起こりうる「危険」には目を光らせています。一方で、子どもが怪我をとおして学ぶことが、少なくないことも事実です。

子どもは、"自分の体が動くままに"、また"自分が動きたいと思うままに"行動するのが普通で、大人のように、周囲を見回しながら力を加減したり、行動の結果を予測したりしながら動くことは苦手です。思いきり動いて、時には怪我を負いながら、体をコントロールすることを学んでいきます。

また、擦りむいて血がにじんだ自分の膝の、じんじんするような痛みによって、「危険」に対する無意識の身構え・心構えが養われていくのです。

なでしこ流メソッド

2 させていい怪我、いけない怪我。

元気に遊んだ「証」は優しく手当てすればいい。
周囲を巻き込んだり、事故につながりかねない危険の芽は、厳しい目で摘み取りたい。

3 たくさんの目で保つすこやかさ。

異変は、なるべく「予兆」のうちに。
周囲の大人が連携して行う毎日の観察と対策の積み重ねが、健康な毎日をつくる。

Chapter 03
保育士さんとの コミュニケーション

仕事は積極的ですが…
実はシャイなんです

子どもの成長をともに喜んでくれる人は、
一人でも多い方が嬉しいですよね。
「伝えたい」「知りたい」という気持ちを一人で抱えがちな
お母さんに贈るお話です。

#『ほいくえんすき。ママすき。』

幸せそうに絵本を読む上条望ちゃん（3）

まだ慣れてないのかしら…？
上条さんおかえりなさい！

3歳
ほし組担任
浅見先生

お友だちとあまり遊んでないみたい…

ぽつん…

…を陰から見守る心配そうなママ

←窓

上条麗子さん（35）
大手化粧品メーカー
企画部長

のんちゃん…

周りは仲良しそうなのに…
コッちゃー
きゃっ
わーい
きゃっきゃー
今日望ちゃんはみみちゃんと丸まったダンゴ虫を見つけて…
←きいてない
お昼寝してるねって♪
ハッ
しつれいしまーす
コソコソ
先生今日もありがとうございました
あ、いえ…
あっスミマセン
ちーちゃん
おつかれさまです
先生っちょっときいてください
うちの子毎日毎日
あ…
ささっ
邪魔しちゃ悪いわね
ではありがとうございました
かえろうね
あの方先生と仲がいいのね…
せんせー
昨年はありがとうございました
今日おたんじょうびですよねー
そうそうきのう
きゃっきゃっ♪
………
みんな何年も通ってて慣れてるのよね
しゅん…
3歳はうちだけ途中入園だったから…
こんなものかしら…？
のんちゃん今日は何してたの？
んー

Chapter 03 保育士さんとのコミュニケーション

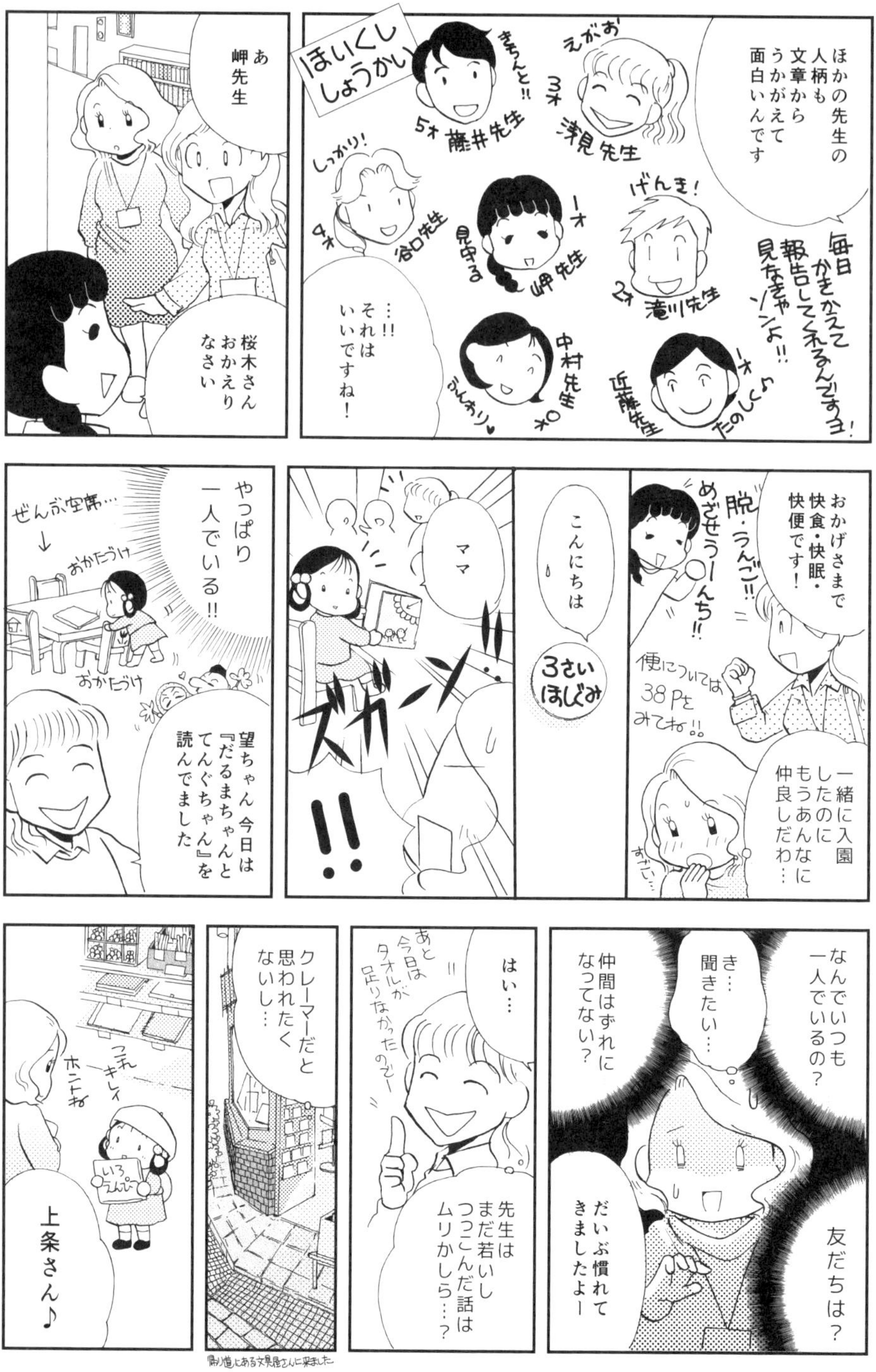

帰り道にある文具屋さんに来ました

まァお買い物ですか？
ええ 園のおたよりを入れるファイルを
クリアファイル～
ビクッ
え！全部ファイルしてるんですか？
始めたばかりなんですけどね
あ
親は遠くにいるし頼りになるのは保育園だけなので…
聞けることは全部聞いておこうかなって
なんたって先生は育児のプロですからね！
桜木さん先生方に自然に話しかけられてすごいと思います
私は話すタイミングがつかめなくて…
上条さん…
んー
ごそ
じーー…
ねぇ上条さん連絡ノート使ってます？
え？ ええ いつも書いてますけど…
私趣味のように書いてて…
え⁉ わあっ
18時00
お風呂でお湯をバシャ顔にかかっても平気な顔をしていました。
たっちーの!!
って、たっちするって叫んでます
そうそう話す時間をとれないんで…ほかのお母さんがいると遠慮しちゃいますし
そしたらこうなったというか…
じーー…
くらっ
こんなふうには書けませんっ
あ…
そっか…時間がないのはみんな一緒よね
ホントだ質問いっぱい…
れんらくノート
さくらぎたくみ
聞きたいことはなんでも書くようにしてるんです

うちの子をよろしくって気持ちを込めて!!
先生と私の愛の交換日記ってカンジ!!
ぱー
「うちの子をよろしくって気持ち」か…
巧くんて人見知りなんですか
たしかに感じるな…
←名前に反応した
そうなんですぅ～
同じノートとは思えないわ
とっても参考になる
望ちゃんもよろしくね！たっくんでーす
びくっ!
こんにちは
……
じー
!
にこっ
あー
ばいばい
望ちゃんスゴッ！
しんじられない!!
そ、そんなに人見知り?
感
涙
はーい
望ちゃん天才ーっ!?
あのっ!! これを機にママ友にっ!!
えっ私そんなのはじめてです うれしいっ!!
メッ メールッ!!
私からもっと伝えなくっちゃ
次の日
あ…
「望は一人で遊んでいることが多いですが保育園に慣れてきましたか？」
○月○日

望ちゃん
保育園楽しい？
こっくり
先生も楽しいよ！
いっしょだねっ♪
ぱあああ
♪
保育士紹介
どの先生も私より若いわ…
上条さん
浅見先生
お迎えにいらしたと聞いたので…
連絡ノート読みましたちょっと教室を見てみませんか
また一人ぼっち!!
まぁまぁ見ててください
ガーン
みみちゃんが来ましたよ
最近よくいっしょにいます
あ…
子どもにもいろんな付き合い方があるみたいで
視界のひらけてきた上条さん

望ちゃんにはいつもほかの子のほうから寄ってきます
ガラ
あ…
ヅーの!!
そういえば…
そうだったんですか…
でも望ちゃんこの時間はとくに絵本に夢中なんです
いつも私みてますから…
気にしすぎてたみたいでお恥ずかしいです
今日は3冊よんでましたヨ
お1人で悩まずになんでも言ってくださいね!
帰りの時間はこうしてお話もしやすいので
えんりょなく!!
さようなら
ありがとうございます
ちゃんと見てくれてるんだ…
ガタン…
ゴトン…
のんちゃんはご本がホントに好きなのね
うんすき
ほいくえんすき
あさみせんせいすき
のんちゃん…
みみちゃんすき
これも早速書いてみよう!
……ママはのんちゃんだいすきよ!
のんちゃんもママだいすき!
ノート見ました望ちゃん昨日私にも保育園楽しいって言ってくれたんですよー♪
うれしいー♡
たのしーですねっ
せんせ
ママー
うれしーですっ♡
私こうやって先生と一緒に子どものことで喜び合いたかったんだわ…
これからも望のことよろしくお願いします!
めのまどあけろ

先輩ママ＆保育士に学ぶ！

01 "子どもの姿"が映る「おたより」や掲示板

[先輩ママの声]

保育園から配られる「おたより」や、掲示板にある毎日の連絡事項などは、自分の子どもに直接関係のあるところをさっと読む程度でした。でも、掲示板を読まずに忘れ物をしてしまってからは、「おたより」はもちろん、掲示板もお迎えの時に全体に目をとおすように。保育園での活動もより良く分かるようになりました。（上条）

[保育園から]

保育園からのお知らせから、お母さんたちが「こんなこともできるようになったんだ」という形で子どもの成長を感じられたらと思っています。また、例えば園外保育で電車に乗り、騒いで大変だったような場合も、「おたより」などでお知らせします。うまくできたこと・できなかったこと

の両方をきちんと伝えて、子どもたちの姿から、たとえば躾の大切さをお伝えしたいと考えています。（園長）

02 早めの相談で早期解決

[先輩ママの声]

入園したばかりだったこともあって、自分の子どもが保育園で一人ぼっちでいたりしないか、と心配していた時、思い切って先生に聞いてみたら、すぐに私の勘違いだったことが分かりました。先生が子どものことをよく気にかけてくださっていたことを知り、本当に安心しました。それからは気になることがあったら早めに相談するようにしています。（上条）

[保育園から]

お母さんからみて、何でも気兼ねなく話すことのできる保育士でありたいですね。口数の少ないお母さんにはこちらから声をかけたり、お母さんが疲れた様子だったら、「最近、お仕事はお忙しいんですか」とさり気なくうかがったりして、何かあればご相談していただけるような信頼関係をつくっていきたいと思っています。（浅見）

活用しよう！連絡ノートと掲示板

連絡ノートと掲示板は、保育園での子どもの様子を知るための強い味方です。その後の上条さんの連絡ノートをちょっとだけ見せてもらいましょう——。次のページは、ある日のなでしこ保育園の掲示板です。2歳以上のクラスでは、担任の保育士がその日のできごとを「今日のクラスの様子」として書き出します。3歳ののんちゃんは、ほしぐみです。（にじ＝2歳、そら＝4歳、ゆめ＝5歳）

9月23日（月）

〈家庭から〉

今日は母が出張のため、お迎えが祖母になります。時間はいつも通りの18:30の予定です。また、緊急時の連絡は、普段通り母の携帯までお願いします。

週末は水族館に行ってきました。遠足で行ったのを覚えていたようで、「こっちにラッコがいたの」「ここでね、みみちゃんとカメをさわったよ」と教えてくれました。

最近はみみちゃんのほかにもお友達が増えてきましたか？

〈園から〉

お迎えと連絡先の件、承知しました。

今日は普段あまり手に取らない「水の生き物」の絵本を見ていたので、声をかけると、水族館に行った話を楽しそうに聞かせてくれました。のぞみちゃんは特にラッコがお気に入りのようですね。その後、近くにいた友だちも集まってきて、「これ、すいぞくかんにいたね」「いたいた」と、思い出しておしゃべりしていました。

絵本の後は大勢で園庭に出て、虫探しに夢中でした。鈴虫の鳴き声を聞いて、「せんせい、虫のこえがする」と、花壇の横まで案内して行ってくれました。男の子も含め、一緒に遊ぶ仲間がたくさんいますよ。

◎報告事項

・昼食・おやつ：完食、午睡：13:00～14:30
・14:40 普通便出ました。

初めに、子どもの体調や、緊急時の連絡先といった「必須事項」を書きます。体調に関する事項は登園時に口頭でも伝えます。

前の日に保育園から帰った後にあったできごとや、最近の子どもの様子について自由に書きます。保育士への質問や相談を書いておけば、降園時に会話の時間を作ってもらいやすくなるでしょう。

その日の子どもの遊びや生活の様子について、保育士が書きます。家とはまた違った様子をうかがい知るきっかけになるでしょう。

昼食やおやつは完食できたか、またお昼寝や便の様子はどうだったか、といった体調管理の参考になる情報を保育士が書きます。

Chapter 03 保育士さんとのコミュニケーション

けいじばん

にじ
お散歩の途中で、どんぐりを見つけて立ち止まると、「せんせー、どんぐりあった！」と嬉しそうに見せてくれたり、大切そうにポケットにしまったりしていました。帰り道では、大好きな阪急電車に手を振ることができました。

ほし
屋上の遊具で遊びました。滑り棒は、保育士に下から支えられながら、慎重に手や足を使ってゆっくり滑っていました。登り棒は、自分の肩の高さより上に登るのが難しく、何度も何度も挑戦していました。

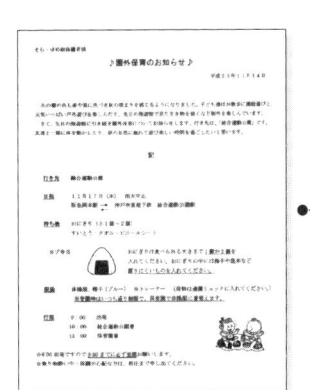

そら
園庭で遊びました。落ち葉を集めようとほうきを持っていると、小さなほうきとちりとりを手に集まって来て、みんなで貸し借りしながらお手伝いしてくれました。きれいになった園庭を眺めて、とても嬉しそうでした。

ゆめ
待ちに待ったドッジボール大会に参加しました。試合が始まると、ボールを避けるのに一生懸命でしたが、時にはボールを拾って必死に投げる姿も。終了後は、「またしたい」「たのしかった」と口々に言い合っていました。

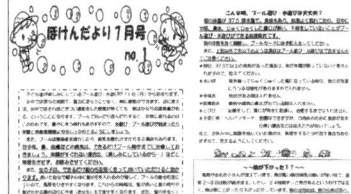

子どもの怪我・病気の予防や処置に関する情報を季節に合わせて発信する、看護師の編集による「ほけんだより」。ほかに、園で実施した保健衛生指導の内容をまとめた「保健衛生の話」もあります。

1カ月の給食・おやつの献立とカロリーを記載した「給食だより」。ほかに、旬の食材を使ったレシピのほか、季節に応じた食事に関する情報などを発信する「食育だより」もあります。

家庭への連絡事項をはじめ、行事の案内など、園の生活全般に関するお知らせを記載した「園だより」や、園で子どもたちが取り組んだ活動の様子を詳しく紹介する「クラスだより」があります。

51

お母さんの気持ち

「こんなに若い先生で大丈夫？」

3歳クラスで唯一の途中入園だったことで、のんちゃんの、保育園での様子が気になるものの、ほかのお母さんに遠慮して、その場をそっと後にします。後日やっと訪れた先生への質問のチャンスには、内なる声が邪魔して結局何も言えませんでした。ちょっとシャイな性格のお母さんは、マンガを読みながら上条さんに共感を覚えたかもしれません。

「みんなと違って途中入園だし」「先生はまだ若いし……」——クレーマーと思われたくないし、上条さんのそんな気持ちの"壁"に見事な風穴を開けたのが、桜木さんの一言でした。

"うちの子をよろしく"って気持ちを込めて——保育園を、「決まった時間だけ子どもを預ける場所」としてではなく、「一緒に子どもの成長を見守ってくれる存在・子育てをサポートしてくれる存在」ととらえ直した時、「伝えたい」と思う気持ちは素直に先生へと向かっていきます。"壁"が取り払われた時、

保育士からも、子どもについて、毎日接しているからこそ得られる気づきや発見がもたらされるでしょう。

保育士が、自分よりも若い場合は、「まだ若いし……」という見方をしてしまいがちです。けれど、年齢が若くても、保育士は保育に関する知識と経験を備えた専門家です。年齢という尺度で、関係づくりに制限を設けてしまうのは、もったいないと思いませんか？ お母さんからの「信頼」、そして「伝えたい」という気持ちに、保育士は最大限の誠実さをもって応えてくれるはずです。

子どもの成長を一緒に喜んでくれる誰かが一人増えた時、子育てはもっと楽しくなります。

なでしこ流メソッド

4 コミュニケーションは喜びの素。

悩みに寄り添い、喜びに手を取り合ってくれる存在は家族のほかにも。「子育てのパートナー」として保育士をとらえることで得られる心強さがある。

Chapter 04

子どもの思いに耳を傾ける

家では兄弟で取っ組み合い、お友だちとはおもちゃの取り合い——
うちの子、どうしてこんなに聞き分けが悪いの？
「こらっ！」と声を上げる前に、やってみてほしいことがあります。

#『おねえちゃんは、ずるい！』

Chapter 04　子どもの思いに耳を傾ける

ぴょん!!
ぱたぱた
それなぁに?
かーしてっ
イヤよぅ
ぴよこっ
ひっぱると
ぱたぱた
ささっ
ちょっとまっててね!
はーい
ぼくも
見たい
見たいー
いま
みみが
見てんの!
だめったら
だめっ!!
どんっ
あちゃ。。
へぶっ
へぶっ
海人くん
みみちゃんが…
みみちゃんが…
なんだ
なんだ
どうして
こうなった
の?
みみちゃんが
読んでて
海人くんが
取ろうとしたの
かいとくん
ないてるー
でも
かしてって
ゆったよ
だいじょーぶ?
よしよし
わらわら
一緒に
読みたかった
みたいだよ
アラ…
だって
引っ張るん
だもん!
ゆってたー
かしてって
ゆったもん
みみちゃん
まだ
読んでたよ

みみちゃんはまだ読んでた？
うん読んでた
わらわらわら
ほんをねとろうとしたの
なーに
なーに
引っ張って怪我したら危ないね
こんな時どうしたらいいかなぁ？
ええーと
どうする？
う〜ん
どうしよう？
危ないねー
ごめんねする！
はい
じゅんばん！
はい
引っ張らない！
はーい
一緒に見る！
……引っ張ってごめんなさい
えらいね
ごめんなさいしたね
ペこん
後でかしてあげてもいいケド！
やさしいね
よかったね
とってもおもしろいんだからっ
ありがとー！
2人ともえらいね！
そんなに面白いの？
おもしろいのー♪
わー♪
おもしろいのー
じゃあ次の次ぼくー！
おもしろいの？
つぎみせてー
………
うちじゃお姉ちゃんとのケンカばかりで
どなりっぱなしですよわたし…
れんらくノート
どうやったらそんな魔法のような解決に…
ぼくの！
わたしの!!
くっ
ガマンよ!!
← とめたい手を理性でおさえている
もう3歳ですから様子を見つつ少しずつ子どもたちで解決できるようにしていって…
どっちが真実か!?
ぶつかっちゃったのー
ぶったのー
あとは1人ひとりの言い分をよく聞きます
なるほど…

翌日のお迎え――
佐々木さん！
椎名さん！
昨日はみみがガンコなことしたそうでスミマセン
椎名今日子さん(29)
みみちゃんのママ
いえいえ海人がしつこいのがいけないのよー
みみがすぐイヤって言うからですよォ
まったく…
おとなしい子がうらやましいっ
いつも静かに微笑んでてサァお行儀が良い子…
あー分かるすごーく分かる
？
こんにちは
佐々木家――
それあたしのー!!
海人っ！それお姉ちゃんのでしょ！
だってーだってー
返しなさいっ！
はやくっ
やだーぼくも使うーっ
がばし
んもー!!
今度は何!?
海人が勝手にあたしの使うの！
かしてってゆった！
だめって言ったでしょ!!
こんな明白な事件にどう話を聞けというの…
海人！勝手に人のもの使わないの！
だって!!
波も！お姉ちゃんなんだからちょっとくらいかしたげなさいっ！

Chapter 04 子どもの思いに耳を傾ける

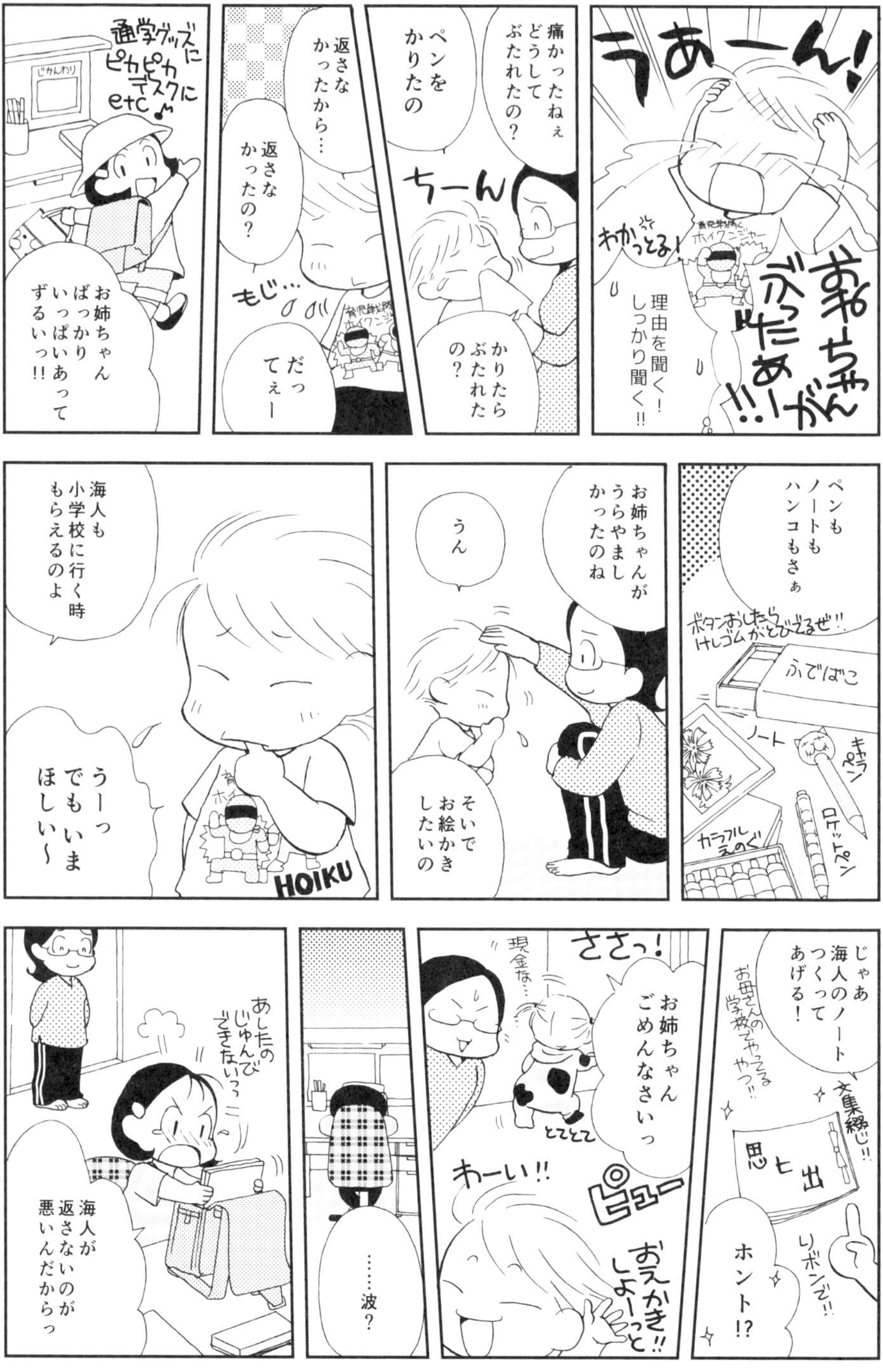

チラシの裏を束ねて表紙をつける

海人にはよく言っておいたよ
ぽんぽん
いつも勝手に使って困るの
そうねでもね
うんうん
波が海人を叩いたらお母さん悲しいよ痛いのはみんな嫌だよね
うん…ごめんなさい…
アラ拍子抜けするくらい素直だわ
ぽてぽて
ちゃーちゃ!!
おえかきはどうしたの!?
まなーべよう そだーてよー ホ・イ・ク・ン・ジャー
レーッド!!
そーらちゃんっ
きゃっぷー
明日浅見先生にお伝えしよ
一件落着♪
さ、おやつおやつ
おねーちゃんホイクブルーやってー
えーまたー!?
きゃーぷ♡
それあたしの絵具だよっ
かたづけないしっ
見てるだけだよぉ～
キレイ～
もういいでしょっ
くるくる
きゃー
――でたった5分の間に……
ホラホラケンカしない
どうしたの?
よいしょ
くおらあー!!
あーん!!
かいとおー!!
だってぇー!!!
佐々木ママの試練は続く

先輩ママ＆保育士に学ぶ！

01 「解決力」をつける

[先輩ママの声]

兄弟ゲンカが多く、一つ解決したと思ったら、次の瞬間にはまたケンカが始まります。先生に相談して分かったのが、私が間に入って叱るから、子どもたち納得しないし、同じようなケンカが続くのだということ。子どもはもう3歳・6歳なので、状況を見て必要な時だけ親が仲裁に入ったほうが、丸く収まることに気づきました。（佐々木）

[保育園から]

園の遊びの中でも、おもちゃの取り合いなどから、子どもどうしのケンカは度々起こります。年齢により対応は異なりますが、保育士はたとえ状況を十分把握していても、「どうしたの？」と聞き、子どもたちに説明してもらいます。そこで初めて、「じゃあ一緒に考えよう」と仲裁に入る。

そうすることで少しずつ、子どもたち自身で解決方法を導き出せるようにします。（浅見）

02 本当の原因を探る

[先輩ママの声]

いつも、下の子が上の子の物を勝手に使ってケンカになっていたので、原因は下の子にあると思って叱っていました。でも話をよく聞くと、下の子は、上の子が小学校に入学して、新しい物をたくさん買ってもらっていることがうらやましかったんです。ケンカの本当の原因は、私も気づいていなかった子どもの「気持ち」でした。（佐々木）

[保育園から]

ケンカを解決する方法の一つが、状況を観察し、子どもの思いをよく聞くことによって、本当の原因を探ることです。相手への不満からではなく、自分の置かれた立場・状況に対する言葉にならない思いがケンカにつながることもあります。本当の原因が見えてくると、具体的な対処を考えられるため、解決への近道になります。（浅見）

ピンポイントで見る子どものケンカ

兄弟・姉妹同士で、または保育園のお友だちと――、いつの間にか始まってしまう子どものケンカ。
子どもの年齢に応じてさりげなく「一件落着」を手助けします。

0〜2歳

多くの場合、物の取り合いが原因で、ケンカに発展します。まだ言葉が十分でない分、相手を押したり、払いのけたりといったように「手が出る」ケースが多いのが低年齢児のケンカの特徴です。また、思わず「口（噛みつき）」が出てしまうことも珍しくありません。

解決には、大人の力が集まりそうなときは、とくに注意して様子を見守り、「取り合い」の気配を察知して事前に間に入るなど、楽しく遊べるように「一歩先」を考えながら見守ります。

一つのおもちゃに注目して様子を見守り、「取り合い」

3〜4歳

大人の助けがあれば、叩いた子も、意地悪を言って叩かれそうな子も、どうしてそうなったのかを思い返して「自分も悪かったな」と気づくようになります。「反省」と「仲直り」ができるようになるのもこの頃からです。

絵本を引っ張り合ってケンカになった場合であれば、「引っ張ったらどうなるかな？」「じゃあなんて言ったらいいかな？」といった問いかけにより、どういう振る舞いが良くなかったのか、またそうならないためにはどうすれば良かったのかを子ども自身で振り返ることができるよう導きます。ケンカの「原因」に気づき、反省の気持ちが芽生えることで、気持ちの良い仲直りができるようになります。

5歳〜

「ケンカ」をしないためにはどうしたら良いかを考えることができるようになる年齢です。例えば、同じタイミングで一つのおもちゃを使いたい場合、低年齢児であればすぐに取り合いになってしまうところが、この年齢になると、「じゃあ順番に使おう」というように、相手への提案や相談ができるようになります。また、ケンカが起きてしまった場合でも、周囲の子どもたちの「どうしたの？」「ダメだよ」「○○ちゃん」といった"仲裁"のおかげで、解決に向けたやりとりができるようになります。

大人は、間に入りたい場合もぐっとこらえ、怪我をしそうな状況でなければ成り行きを見守ります。

すぐできるヒント

子どもの「イヤイヤ期」への対応

何かにつけて反発する「イヤイヤ期」は1歳後半くらいに訪れるといわれており、子どもに「自我」が芽生えてきたりします。

この、ちょっと手ごわい「成長の証」と向き合うためには――。

嫌なことがあると大泣きする

子どもの大泣きは、「気持ちを分かってよ」というお母さんへのサインだと考えられます。3歳くらいになると、自分の思いを簡単な言葉で言えるようになりますが、それまではうまく言えないもどかしさから大泣きに発展してしまうことも。大好きなお母さんに「自分の気持ちを分かってもらえた」と感じると自然に落ち着くので、何を伝えようとしているのかをじっくりと受けとめることが大切です。

できないのに「やる」と言う

子どもが「じぶんで!」と言い出したり、時間がかかったりしても、危険がないようならばやらせてみましょう。1〜2歳であれば、自分でやりたがる、お母さんに甘えてもらいたがる――ということの繰り返しです。この時期は、何かを選ぶ時も、自分で判断したいという気持ちが芽生ているので、「白と青、どっちが良い?」と、子どもに選ばせるような聞き方をすると喜びます。

「行きたくない」「帰りたくない」と言って動かない

遊びに熱中していて、子どもが出かけるのを嫌がったり、反対に家に帰りたがらなかったりすることがあります。そんな時は、「お家でご本を読もうね」「帰ったらおいしいご飯をつくるからね」「お友だちが待っているよ」と、行き先での魅力を伝えて誘いましょう。

また、公共の場での「イヤイヤ」には、お母さんの方が泣き出したくなるものですが、周囲に対する配慮の気持ちを忘れなければ、周りの大人も理解をもって見守ってくれます。

64

Chapter 04　子どもの思いに耳を傾ける

お母さんの気持ち

「おとなしい子がうらやましい！」

　絵本の取り合いからちょっとしたハプニングを起こしたみみちゃんと海人君。そんな二人の「頑固なところ」や「しつこいところ」を互いに詫びながら、椎名さんと佐々木さんが声を揃えて言ったのが、この言葉でした。二人とも、自分の子がどうしてそういう態度をとるのかが理解できずに困りながらも、いつも穏やかで聞き分けの良い、のんちゃんを思い浮かべていました。

　そういえば、第3章では、いつも一人でいる（ように見えた）のんちゃんに、保育園での様子を聞いた上条さんが、「やっぱりお友だちがいないんだわ！」と、ますますショックを受ける場面がありましたね。子どもは、自分の気持ちや行動の理由を、大人が分かるように話をするのが上手ではありません。「頑固だから」といってあきらめるのでもなく、また「おとなしいから」といって安心するのでもなく、その子がいまどう感じているのか、に耳をすませてみましょう。

なかなか伝えられない、「してしまったこと」

　保育園でお友だちとケンカになったと聞くと、「何が原因だったのか」「どちらが悪かったのか」が気になります。そこでまずは、自分の子どもに事情を尋ねることになるわけですが——そんな時のために、ぜひ覚えておいてほしいことがあります。それは子どもが、お友だちに「されたこと」は話すけれど、自分がお友だちに「してしまったこと」はなかなか話さないということ。

　子どもによく見られるこの現象は、自分の間違いや悪かったことを隠そうとする意図が働いているというよりも、自分のしたこととその結果相手にされたことの因果関係がはっきり自覚できていないことに原因があるでしょう。

　子どもが、例えば「○○ちゃんは嫌い！」「○○くんに意地悪された！」といって「されたこと」のみを必死に伝えてきたとしたら、それと同時にあったかもしれない、「してしまったこと」も思い浮かべてみてください。

65

なでしこ流メソッド

5 ケンカが教えてくれること。

ケンカは、「相手の気持ちに気づくこと」と、「自分の気持ちを伝えること」を練習するチャンス。
頭ごなしに仲裁するのではなく、状況をみて解決に向かう手助けを。

Chapter 05　きちんとした躾をする

Chapter 05

きちんとした躾をする

おぼえたてのコトバ
おさきにしつれいいたしまーす

あいさつも、お片づけも、しっかり・きちんとできると気持ちがいいものです。
でも「子どもの躾」にあまり気を取られていると……
あれ、何か忘れてる？

#『みみちゃんの「ありがとう」』

みなさん

みんなと一緒に遊んでくれます嬉しいねぇ！

ざわおおざわ

今日は高校生のお姉さんたちが来てくれました

※実習の受け入れなのです

まず5歳さん自己紹介をしましょう
勇介くんからどうぞ
かわいいねー
きゃーん♡
ヒソヒソ
ホントー
ヒソヒソ
ぼくは、しいなゆうすけですっ！
しゃきっ
椎名勇介くん（5）みみちゃんのお兄ちゃん
ぽっかーん…
わたしはいわまつ ゆうきです！
わたしはよしもと ちひろです！
ぼくはたちばな たかやです！
ぼくはひろい けんたです！
わたしはおおすみ りこです！
わたしはやまの ゆみかです！
では次は高校生のみなさんお願いします
左から!!
あせっ
わっわたくしはっっ
岡本育子と申しまするっ！
よろしくおねがいしますっ
!!
まする？
るってなに？
んー？
？
かあぁ
しまった…つい力が入って…
ドンマイ…
せんせいのへや
あははっ
子どもががんばってると気合いが入るわよね

5歳で
あんな自己紹介が
できるんですね
そのひと
だれー
えー
わかんない－
↑私、こんなでした
同じころの
自分と
比べると
オドロキです
先生がきちんと
挨拶することと
毎日の積み重ね
かしらね
誠実
敬愛
礼節
すごいな～
コンコンコン
はーい
どうぞ
ガチャ
しつれい
しますっ
さっきの
トップバッター
くん！
またもや
オドロキ!!
「失礼します」!?
もってきて
くれたの？
ありがとう!!
しつれい
しました
いま
「失礼します」って
言いましたよね！
わっ
出る時も!?
すご～い
最初の年の
5歳さんに
教えたのよ
人のおへやに
かってに入ったら
その人
びっくり
するでしょ？
コンコン
コンってするの－
コンコンコン☆
おもしろそう～
それなあにー
ぼくも
やりたいー
そうしたら
年下の子も自然に
まねするように
なったの
すごーい
あそろそろ
お部屋に
行きましょうか
コンコンコン

はーい
どうぞ
しーん
?
カチャ
?
せんせー
もじ もじ
やりたかったんだよねー
やってみたかったの?
うん
えへっ♡
よろしくおねがいします
よろしくね!
てれっ
わーい!!
スイミーがいました
もってあげる
高校生との時間は
子どもたちにとっても
楽しいものです
いただきます
めしあがれ
つぎぼく
きゃあー
ぱっぱかぱっぱかー
こんにちは
椎名ですー
お迎えに来ましたー
あ今日は
体験学習でしたね
そうなんですよ
オセロ?
な…なかなかやるわね
へっへっへー
おねーちゃんがんばってー
5歳ゆめ組担任
藤井先生
勇介くんは
挨拶の一番手で
上手だって
驚かれてましたよ
すっかり
しっかり者の
イメージです
ちろっ
しっかり者
っていうか…

Chapter 05　きちんとした躾をする

……
かった!!
まったく…
ふんっ
さっきまでみみが
↓あそんでたおもちゃ
くるり
ひとつ片づけたら
またひとつ…
がくっ
次の日
スミマセーン!!
ギリギリー!!
おはようございます!
おはようございます!
お願いしますっ
ほっ
次っほし組っ
ぐおおおお
遅くなってスミマセン!
おはようございます
みみちゃんおはようございます
ぎゃー!!
……マス
んー
みみっ先生にちゃんと挨拶しなさいっ
熱はないかなー
おはようございます

おはようございます
遅くなりまして…
上条さん
病院に寄ってたミミうです
朝から眩しいっ
清々しいオーラ
?
ぱちっ
あ、のぞみちゃん
おはよう
あう
なんだかはずかしいっ
同じ年なのになんでこんなに違うのかな…
!!
みみとのんちゃん…
きちん
ダラッ
身だしなみまで違う！
今日はもう大丈夫とのことでした
ミミうですかよかったです
ではお先に失礼します
ペコリ
いってらっしゃい！
……
そして私と上条さんも違う！
ちこくしちゃうーっ
ピューー
かけてる
うひょー
かけこみ率 80%
スッピン率 50%（マユ毛のみ）
お時間大丈夫ですか椎名さん？
もしもし？
私のせいでもあったってコト!?
でも今は目先のチコクー!!
スミマセーン!!
だぁー
お母ちゃーん今日もおままごとしよー
今日子さんは近くの工務店で事務してます
――ということに今日初めて気づいたんです
よく考えるといつも帰りのほうが
制服をきちんと着てるし…
まっすぐかぶってる
チェックポイント
かみの毛
ボタンは上まで
シャツイン
くつした
先生ありがとうございます
みみちゃん将来の夢：アイドル

あせらず
繰り返しましょう
家でも園でも
機会はたくさん
ありますから
そうそう
勇介くん
良いお手本
ですよー
たしかに
せんせい
さよう
なら
生活の
いろんな場面で
挨拶してますし
ただいまー
パパー
おかえりなさーい
とーちゃん
おかえりー
しょーゆとってください
ハイどうぞ
いただきます
私たちも一緒に
積み重ねるって
大切ですよね
おやすみなさい
…だからね
みみ
ちゃんと
さよならしよ?
なで
お姉ちゃんは
明日学校が
あるのよ
ごめん
なさいね
ぷいっ
いえ…
いいんです
ぎゅっ
……
ばい
ばい
おねえちゃん
ありがとう!
ぜったい
保育士になる!
「ありがとう」が
人生を変える
魔法の言葉に
なりました

Chapter 05　きちんとした躾をする

先輩ママ＆保育士に学ぶ！

01 まずは大人がやって見せる

[先輩ママの声]

子どもが片づけをしなかったりすると、つい「ちゃんとやりなさい！」と叱ってしまいます。でも、園での様子や、他のお母さんを見ていて、まずは自分が先だったと反省。「しなさい」と言うと「嫌だ！」と騒ぐようなことでも、「一緒にやろうね」と言ってやってみせると、喜んでやるようになりますよ。(椎名)

[保育園から]

子どもは、挨拶はもちろん、片づけや手伝い、またドアを開ける前のノックのようなマナーも、教えるからではなく、大人や年上の子どもを見て、真似するうちに身につけていきます。保育園なら、保育士が楽しそうにしていれば5歳児も真似する。5歳児がやれば4歳児も真似する。そういう環境をつくることが、私たちの役割の一つだと考えています。(園長)

02 気持ちの良い挨拶を

[先輩ママの声]

自分の子どもが、挨拶してはいるものの、なんとなくきちんとしていない感じがする。そう思って、保育園のお友だちを見ると、挨拶する時の動きがきれいなことに気づきました。とにかく挨拶させることで満足しがちでしたが、「正しい挨拶」のためには"形"も重要なんですね。(椎名)

[保育園から]

気持ちの良い挨拶とは、きちんと身だしなみを整え、立ち止まり、相手の顔を見て、元気に行うものです。そうすることで、相手も同じように挨拶する。そして、お互いの心が通い合うことになります。心と体(＝身だしなみ)の両面での挨拶を、子どもに習慣づけたいと思っています。(藤井)

ピンポイントで見る子どもの躾

子どもは、挨拶の言葉や振る舞いのマナーを、毎日の生活の中で少しずつ身につけていきます。

大切なのは、「こんな時は、こう言うよ」「こんな時は、こうするよ」ということを示してくれる「お手本」が近くにあることです。

〜2歳

2歳までは、挨拶に限らず言葉そのものを少しずつ覚える時期です。挨拶を覚えるのと同じように、言葉そのものを「耳で聞いて音を覚えること」と「その時の状況から意味を理解すること」をセットで体験する必要があります。

例えば食事の時に、子どもが「欲しい」という仕草をしたら、「はい、どうぞ」と言って済ませてしまわずに、「『ください』って言うんだよ」と語りかけながら口に運びます。お家の中で、「いただきます」「ごちそうさまでした」「ありがとう」など、暮らしのなかの挨拶が活発に行き交っていると、子どもも自然と身につけられるでしょう。

3歳〜

3歳を過ぎると、多くの場合、一通りの挨拶を使えるようになっています。例えば、覚えたはずの「ごちそうさまでした」が言えなかったり、よその人に何かをしてもらってとっさに「ありがとうございます」が言えなかったりした場合は、その場ですぐに「お礼を言おうね」など、声をかけて促します。

もちろん、「お手本」を示してあげることを忘れずに！

「えらいね」よりも「ありがとう」

子どもが、思わず顔がほころぶような嬉しいことをしてくれた時や、進んで礼儀正しく挨拶した時、お母さんはどのような言葉をかけていますか？ 躾には、「お手本」に加え、「褒める」ことも大切です。いつも十分褒めているわ、と思われるかもしれませんが、実は褒め方にはちょっとしたコツがあります。

例えば、食事の後片づけで机を拭いている時に手伝ってくれたら——「えらいね」「お利口さんだね」と言って"讃える"のではなく、「嬉しいな」「ありがとう、助かるわ」と言って"感謝"や"喜び"を伝えます。子どもにとっては、どちらのパターンも言われて嬉しい言葉です。でも、後者の言葉は、単に子どもを嬉しい気持ちにさせるだけでなく、「人の喜びを自分の喜びにする」体験をもたらします。自分が「讃えられる」ためにではなく人に「喜んでもらう」ために、周囲の人のことを考えて振る舞うことができるようになるのです。

Chapter 05　きちんとした躾をする

「褒め上手」に加えて「叱り上手」になろう

良いところを「褒める」のと同時に、直すべきところを「叱る」ことも大切です。どんなことをすると相手を嫌な気持ちにさせるのかということも、経験をとおしてしか学ぶことができないからです。

すぐできるヒント

「怒り」を感じたときほどまず一呼吸

何度言っても子どもが言うことをきかず、「イライラ」してしまうことは誰にでもあります。そんな時には、子どもに対して「怒りの感情をぶつける」ために声を荒げたり、きつい言葉を発したりしがちなので、深呼吸したり、場所を変えたりして、クールダウンできるようにします。

失敗したら「再発防止」を考えよう

飲み物が入ったコップに子どもの手が当たり、倒れてしまった場合などは、その後の片づけを思ってついつい子どもを責めたくなるでしょう。でも、不注意で失敗をしてしまうことは、大人にだってあるくらいですから、何事にも経験の少ない子どもなら仕方がないことです。どうしたら同じ失敗が起きないようになるかを、一緒に考えます。

良し悪しではなく自分の気持ちを伝える

「〜しちゃダメでしょう」「そっちにしなさい」と、ものごとの良し悪しや選択肢を決めつけないようにします。子ども・お母さんの二人が同時に叱るのではなく、どちらかが、やさしくフォローの言葉を伝えると、子どもも素直に納得の中には、なぜそうしなくてはいけないのかの判断基準がないため、納得することができません。

状況によって話すトーンを調節する

子どもに対し、いつでも同じように対応するのではなく、悪いことの度合いによってトーンを変えてメリハリをつけます。普段はやさしく話す人に厳しく叱られると、子どもでも、「とても悪いことをしてしまった」と分かります。

逃げ場をつくる

周囲にいる大人が皆で子どもを叱ってしまうと、逃げ場がなくなります。お父さん・お母さんの二人が同時に叱るのではなく、どちらかが、やさしくフォローの言葉を伝えると、子どもも素直に納得したりします。

悪かったことは何かを伝える

もしも本当に悪いことをしてしまったら、「お友だちを叩いたらいけないよ。叩かれたら痛いよね」「言葉で言おうね」など、嫌なことがあったら、「自分がそれをされたらどう思うか」「相手はそれをされてどう思うか」を示しながら、悪かったことと解決策を、具体的に伝えましょう。

お母さんの気持ち

「どうしてちゃんとできないの?」

お迎えの時間になっても、実習でやって来た高校生のお姉さんと離れたがらなかったり、脱ぎっぱなしにした制服を片づけるように注意してもだだをこねたり——聞き分けの悪いみみちゃんを、ため息混じりで見ていた椎名さん。高校生とのお別れの日も、案の定、みみちゃんは泣きべそをかいて、きちんと挨拶しようとしませんでした。そんなみみちゃんをなだめる椎名さんは、きっとこんな気持ちでいっぱいだったでしょう。

高校生に見送られたみみちゃんが振り返って叫んだ言葉は、お別れの「さよなら」ではなく、心からの感謝を込めた「ありがとう」でした。マンガのおしまいは、みみちゃんに胸がいっぱいになった高校生が大きく手を振る姿ですが、椎名さんも同じくらい嬉しかったことでしょう。みみちゃんは、「どんな時も聞き分けの良い子」ではないけれど、ここぞという時の「心からの挨拶」で、挨拶の持つ「魔法の力」と自分自身の「大きな成長」を見せてくれました。

これだけは「厳しく」伝えたい

　子どもがどんなに小さくても、しっかりと伝えなければならないことがあります。それは、「命にかかわること」。守るべきルールを徹底して教えなければなりません。危険な場所に近づいたり、触ると怪我をするものに手を出した時は、必ず強く叱ってください。それがどんなに「良くないこと」なのかを理解させるためには、お母さんが毅然とした態度で示すしかありません。

　また、「相手を傷つけること」をした場合も同じです。自分がされたら嫌なこと、悲しいことは決して人にしてはいけない——このことも繰り返し伝えます。当たり前のことのようですが、人が生きていくうえで大切な、思いやり、いたわり、優しさの気持ちを持つために、「相手の立場になって考える」経験を繰り返すことが、子どもには必要なのです。

なでしこ流メソッド

6 素敵でいると、真似してくれる。

相手への思いやりが込められた挨拶や礼儀作法は、「素敵」で「格好いい」。身近にそのお手本がいると、躾は「教え込まれる」ものではなく、「身につけたい」ものになる。

7 「嬉しいな」が褒め言葉。

「えらいね」「よくできたね」よりも「ありがとう」「嬉しいな」。感謝や喜びの言葉が、相手のために行動し、相手の喜びを自分の喜びととらえる心を育む。

Chapter 06

子どもの生活リズムを整えるには

「正しいリズム」を意識して、時計の針ばかり気にしていませんか？
家庭でのリズムづくりに一番大切なものは、
「時間」とは別のところにあります。

#『よりみち作戦、始動』

Chapter 06　子どもの生活リズムを整えるには

ラヴえーーん!!
ふえーーん
リボンじゃなきゃヤだぁー
みみが早く起きないからでしょ!
とぼとぼ
ぼーー…
もしゃもしゃ
↑一応おきられる。
こんな調子じゃ毎日心配だわっ
いやーん
もーみみうるさいっ歩いてっ
相談役の佐々木さん
そんなもんだよォ~
眠くなったら寝るって!
みーみーちゃーん
でもみみは寝つきも寝起きもすっごい悪いの
あかいとくんー
おはやっほー
寝る子は育つっていうしみみが小さくてきかんぼなのはそのせいかなって…
そっそれは大丈夫だと思うけどっ!?
佐々木さんち3人でしょ?どうしてます?
え!?うち?うちは…
おフロ早く入りなさーい!
ごめーん
いまいいとこなのっ
波!いつまでテレビ見てるの!おとーさんっ!
わー
パタパタ
ペコっ
海人~さっき着替えたのになんで脱いでるの!
へんしんホクシャー!!
タオル
ピューー
ああ~空ちゃんゴメンうるさかったね
あ~!!
言えない…人のこと言えない…
うーんあこれだけは経験上言える!

気にしすぎるともたないよっ
はっはっはっ
そ…そうしたいケド……
あーあ…
佐々木さんはああ言ってくれたけど気にしちゃう…
現場いってきまーす
いってらっしゃい
勇介は寝つきいいけど問題はみみ…
ガコーガコー
あかちゃんの時から寝つき悪かったし…
こんなに静かだったらすぐ寝るかなぁ…
うと…。
アタシも寝不足だわ…あの子たち大丈夫かしら
コーヒーいれよ…
ポロポロポンポン
みんなの大好きな踊りだよー
どーぞ
いちばんめーのーはったっけーにキャベツをうえたーらーとなりのひつじがむしゃむしゃたっべったー
ぱくぱく
スキップ
↑意外に元気なみみちゃん
はったっけーのまわりーでポルカをおっどっろー
あのうた大人気ですね
今日も3歳さんは元気一杯ね
フリフリしましょー
それー
ふりふり〜
お昼寝タイム
ぽん
ぽん
いっぱい運動したからみんなグッスリね
今日のお昼寝は少しだけ長めにしよう…
すぴーー

みみちゃん起きてくださーい
んー
……
ぽーー…
ふあー
おはようございます
んー
たたみ
よいしょ
たたみ
にーばんめーのーはったっけーに
♪かーいとくんを
うーえーたーらー♪
となりのこーがたーがー
ぽっすん
ぽっすん
♪
みみもうえてー♪
!?
ぽっくっ
ぽっくっ
たっべったー
♪ポルカーポルカー
みみちゃんもうえたー
お…おやつよー
おやつもうえよー♪
あーん
こんなかんじ??
体力限界…
はあー
今日はどうやってねかしつけよう…
お迎え
どーぞー
お疲れさまでした今日も元気に過ごしてましたよ
かーちゃん!!
ありがとうございます
でもね先生!
…というわけでダンナの帰りが遅いと子どももなかなか寝なくて
ははあ…
睡眠不足が成長の妨げにならないかと…
では遅い日はムリに待たずにお母さんが寝かせることにして
そのぶん帰りが早い日はもう一息お父さんに協力してもらっては?
食事なら後片付けまで
おフロ入れたらねかしつけまで

Chapter 06 子どもの生活リズムを整えるには

in 雑貨屋さん
カーちゃん コレみて
わっ なーに これ
コレがいいー
かわいいー
いらっしゃいませ
なでしこ保育園の子たちね
かわいー
楽しかったー おかいものー
パパにも お話し しよーねっ
うん!!
なんだか 気が楽に なったなぁ…
少しずつ リズムを つくって いきましょう
ぼく やるよ!!
え? いつもはテレビ 見てるのに
みみも するー
ちゃっ ちゃっ ちゃっ
これ できるよ 手伝うよ
ただいまー
↑せんたくした
おかえり なさーい!
きのうは おそかった からなー
今日は はやい ねっ
あのね 今日ね…
だぁっ
そうそう
こう?
すごいな 2人とも…
そっかー
協力してね
一緒に できることは するように するよ
へいおまちー
ひやっこーい
SUPER ASOBI DRY
わーい
今日は おフロの後 パパと 寝るぞー!
髪は ママが 乾かすね!
さっ さっ さっ
よーし あたま シャンプーだー
はーい!!
あかーー
そーっと
パパが早い時 だけでも こうだと ありがたいわ
そうして…

Chapter 06　子どもの生活リズムを整えるには

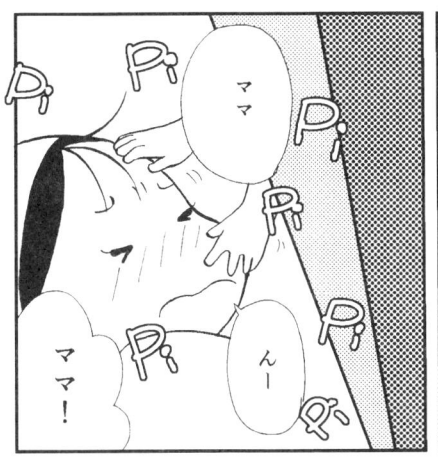

先輩ママ＆保育士に学ぶ！

01 保育園のリズムのひみつ

[先輩ママの声]
子どもがなかなか眠らない夜が続いたため、先生に寝つきやすい方法を教えてもらい、早速試しています。夫とも相談して夜の時間の使い方を見直すようにしたら、かなり眠りやすくなりました。時には子どもが遅くまで起きてしまう日もありますが、保育園で過ごす規則正しい生活のおかげで、基本的なリズムを保てています。（椎名）

[保育園から]
保育園では、午前中に体を動かしてお腹を空かせ、決まった時間に食事をとり、眠たくなってきたところでお昼寝して、すっきり目覚めた後に体を動かす——というように、子どもの生理現象に合わせて一日のスケジュールを組んでいます。子育てと家事を並行しながら、同じような「リズムづくり」を行うのはなかなか難しいので、参考になりそうな情報はどんどんお伝えしたいと思っています。（浅見）

02 一人ひとりに合わせた対応を

[先輩ママの声]
娘は寝付きも寝起きも悪く、不機嫌な状態で登園することが多かったため、保育園でもしっかりと活動できるようになるまでに時間がかかっていたようです。先生に相談して、お昼寝の時に一番初めに起こしていただくようにした結果、夜の寝つきも、朝の寝起きも良くなってきました。（椎名）

[保育園から]
子どもの生活リズムは、一人ひとりの性格や発育、またその日の体調に合わせて整えていきましょう。保育園では、いつもより多く運動した時や、お母さんから子どもが寝不足だと伺っている時などは、起こす順番を遅らせたりすることでお昼寝の時間を調整します。起きた後にしっかりと活動でき、夜もよく眠れるようになります。（藤井）

Chapter 06 子どもの生活リズムを整えるには

すぐできるヒント
「マイペース」を作ろう

「規則正しいリズム」を意識しすぎると、次第に「リズムづくり」がプレッシャーになってしまいます。
少し肩の力を抜いて、自分の子どもと自分自身にとっての「マイペース」を作ってみませんか。

「もうちょっと」を大目に見る

「規則正しい」リズムのために、「時間通り」であることを守ろうとすると、子どもの「もうちょっと○○したい」という言葉は大きな壁となって立ちはだかります。そのせいで、ついイライラしてしまったり……ということもあるかもしれません。ですが、大人にも、例えば普段なら入浴する時間になっても「今日はもうちょっと居間でくつろいでいたいな……」などと思うことはあります。子どものリクエストにも、「ここまではOK」というラインを定めたうえで応じるようにすると、時間に追われるストレスが軽くなるはずです。

とっさの「入れ替え」はなるべく避ける

仕事が長引いたり、いつも家事を分担している他の家族の帰宅時間が遅かったりして、普段のスケジュール通りに食事や入浴を済ますことが難しい日も、しばしばあるでしょう。「寝る時間」に間に合わせるために、臨機応変に、家事の順番を入れ替える——

という方法もありますが、そんな時はなるべく、スタート時間を後ろにずらすことで対応します。子どもの生活リズムは、就寝時間が一定であることよりも、同じことを同じ順番で繰り返すことにより定着していくからです。

朝のトイレだけは「大切な決まりごと」に

より良い「マイペース」づくりのためにも、子どもの日々の体調を把握する必要があります。毎朝のトイレを習慣にすることで、尿や便の様子から体調に大きな異変がないかを確認することができます。また、朝のトイレを済ませたあとの「すっきり」した感覚は、子どもに一日の始まりの実感をもたらします。

ピンポイントで見る子どもの「眠り」

ミルクから離乳食へ、そしてふつうの食事へと、成長に合わせて「食事」が変化するように、「眠り」にも、年齢に応じた変化が訪れます。

～1歳半

生後6カ月くらいから子どもによっては夜泣きが始まります。寝ていた子どもが泣き出したら、寝る位置を変えてみたり、子守唄を歌ったり、背中をさすったりしてみましょう。それでもダメならば、一度は電気をつけて、抱き上げてあやすことで、落ち着くこともあります。夜泣きは、泣いている原因が分からないだけにお母さんを悩ませますが、時期がくれば必ずなくなるようにするなど、工夫を重ねて乗り越えましょう。

1歳半～2歳

2歳くらいになると、次第に「夜寝て、朝起き、昼寝する」という生活リズムがついてきます。またこの頃には、昼間は何事も自分でやりたがるなど、"自立"のきざしが見えるのに、夜になるとお母さんに甘えたがったりもします。お腹や胸元などをやさしくトントンしながら、添い寝することで、子どもは満足しながら眠りにつきます。

3歳

3歳くらいになると、多くの子どもが「夢を見る」という感覚を認識し始めます。何か嫌な出来事があったり、怖い思いをしたりした時などに、恐ろしい夢を見て泣いて起きることもあります。その場合は、まずは抱きしめて、落ち着くまでの間は部屋を明るくするなど、再び安心して眠りにつけるように導きます。

4～5歳

早い子どもでは、4歳くらいになると、昼寝なしでも一日元気に過ごせるようになります。一日の生活に問題がないようであれば、「お昼寝卒業」です。保育園によっては、5歳児のクラスはある時期からお昼寝の時間が無くなったりもしますが、なかには体力的にお昼寝を必要とする子どももいます。無理はさせず、小学校に入学する前までに……というつもりでゆったり構えましょう。

Chapter 06 子どもの生活リズムを整えるには

すぐできるヒント
「ただいま」から「おやすみ」までの過ごし方

時計の針に追い立てられるように、子どもを布団に寝かしつけてはいませんか？
子どもの寝つきで悩んでいるとしたら、まずは「おやすみ」の時間までの過ごし方を見直してみましょう。

心地良い疲れ

心地よい眠りには、心地よい疲れが必要です。保育園でしっかり活動していても、子どもによっては、帰宅後も元気があり余っている場合があります。寝つきの悪い日が続くようなら、保育園からの帰りに回り道で長めに歩いたり、寄り道で買い物を済ませたりして、子どもの「疲れ」を加減します。

心と体の落ち着き

子どもは、寝る時間のぎりぎりまでテレビを見ていると、画面の光により脳が覚醒したり、演出の効果により興奮したりして、布団に入っても目が冴えてしまいがちです。また、「寝る時間だよ」と言われても、居間の方から楽しそうな物音が聞こえてくると、気になってしまいます。子どもの心と体が落ち着いた状態で布団に入れるように気を配ります。

家族との触れ合い

子どもが寝たがらない一番の理由は、お母さんやお父さんと「触れ合いたい」からです。昼間を保育園で過ごした子どもが、家に帰って来てから眠るまでの間に、この気持ちをしっかり受けとめるようにします。子どもの顔を見ながら話を聞いたり、リクエストに応えて絵本を読んだり、しっかりと抱きしめる時間が、子どもに満足感を与え、心地よい眠りをもたらします。

91

なでしこ流メソッド

8 安心すると、眠くなる。

時計の針ばかり追わずに、子どもの「気持ち」に向き合うひとときを。
子どもが安心して眠りについたなら、いつもより三十分遅い時刻でも〝正しい〟生活リズム。

Chapter 07　感じる心を育む

Chapter 07

感じる心を育む

た、たのしいっていうから
たのしいんだな
にてる。
たくみ

きれいだな、楽しいな、という気持ちは、
どこからやってくるのでしょう。
ほらまた一つ、プレゼントしているのはお母さんかもしれません――

#『七月七日は何の日』

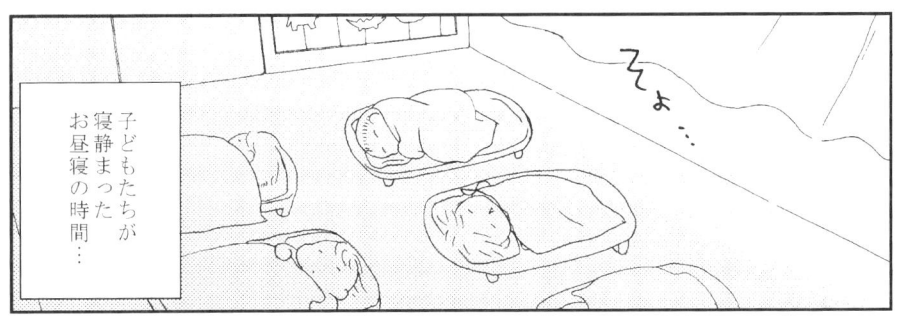

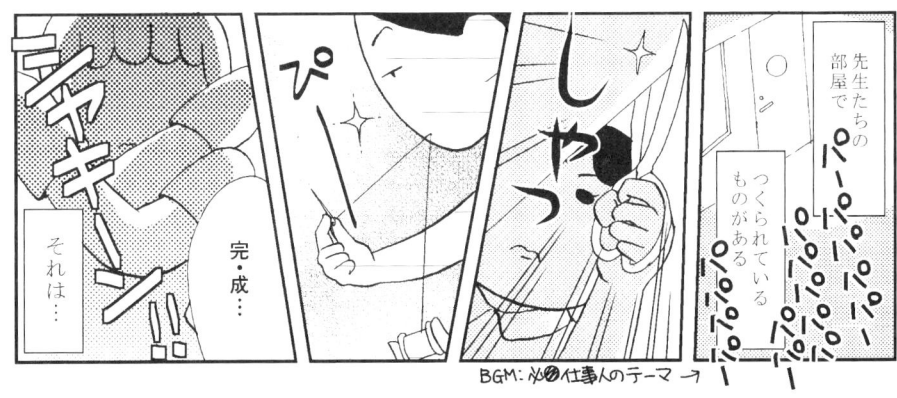

子どもたちが寝静まったお昼寝の時間…

ゼェ…

先生たちの部屋でつくられているものがある

パー

しゃっ

ぴ

完・成…

ニヤキーン!!

それは…

BGM：必〇仕事人のテーマ →

こんにちは！
ぴょこっ
ボクはくまさん
巧くんに会いにきたよ！
手づくりおもちゃまたの名を先生の愛と呼ぶ！
じゃかじゃん！
ムハーーー!!
※ウラ声→
ボクねーやわらかいんだよ
ふわふわくまさん
巧くんがだーい好きっ!!
はうっはうっ
あーしゅきーっ
ふーわふーわ
ふあーー！
ぷあぷあやー!!
くまさんかわいいねー
かーいいーー!!
きゃあー
かわいいーっ!!
やあ
おかえりママ
うさたん
けろたん
今日できたんです
巧くんお気に入りで
たくみくーんくまさんきたよー
すっごい注目度!!
あはっホントだー
じーー
ふあふあ
まー!!
くまさっくまさっ
手づくりおもちゃ！前から興味あったのよ…！
明日はちょうど休みだしっ

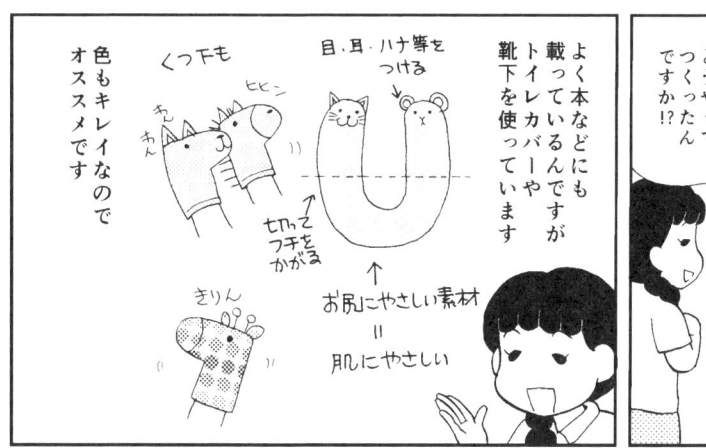

Chapter 07　感じる心を育む

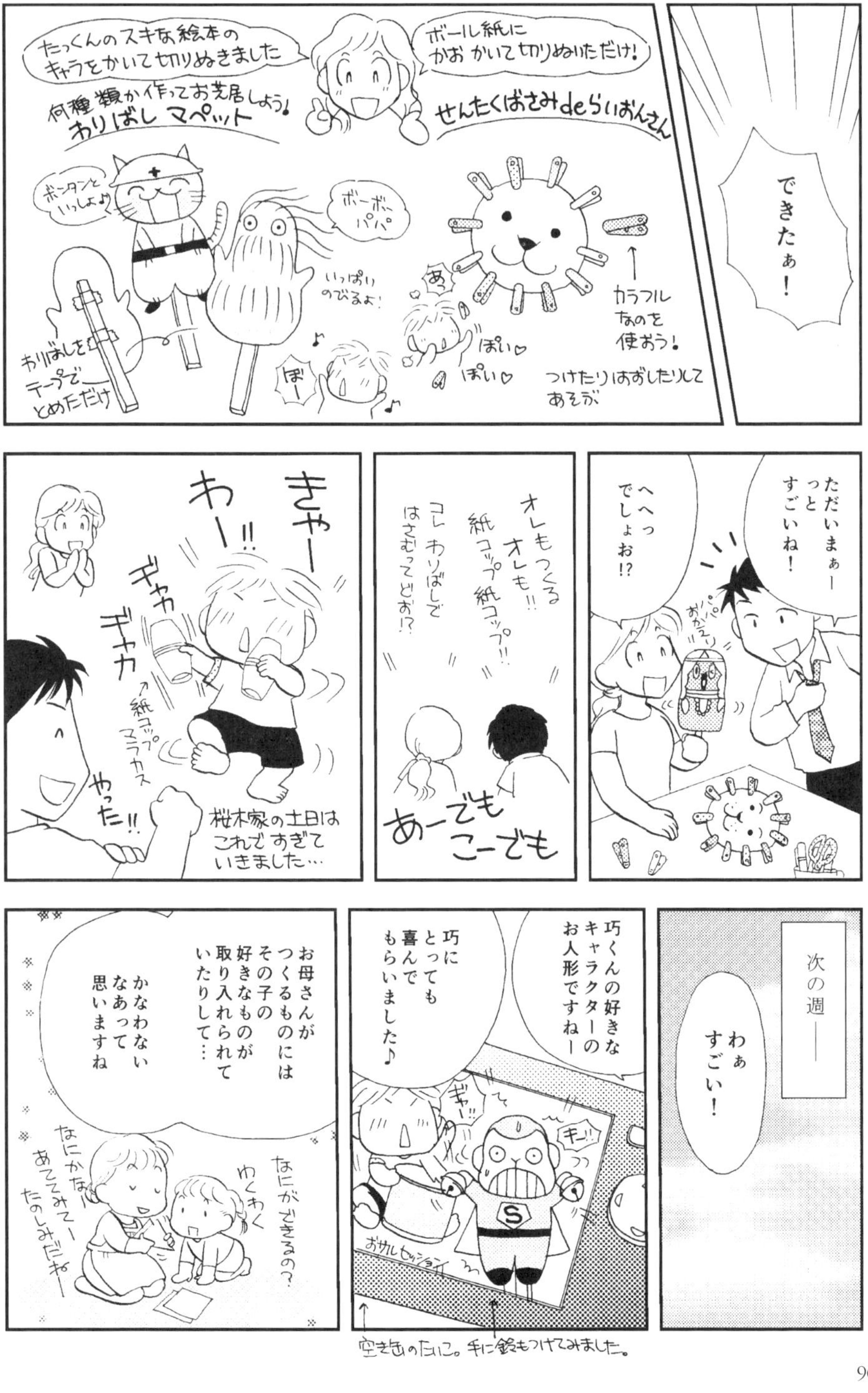

できたぁ!
たっくんのスキな絵本のキャラをかいて切りぬきました
何種類か作ってお芝居しよう!
わりばし マペット
ボンタンといっしょ♪
ボーボーパパ
いっぱいのびるよ!
わりばしをテープでとめただけ
ぼー
ボール紙にかお かいて切りぬいただけ!
せんたくばさみdeらいおんさん
カラフルなのを使おう!
あっ
ぽい♡
ぽい♡
つけたりはずしたりしてあそぶ
ただいまぁー
っとすごいね!
へへっでしょお!?
パパおかえりー
オレもつくる オレも!!
紙コップ 紙コップ!!
コレ わりばしで はさむってどお!?
あーでも こーでも
きゃー
わー!!
ギャカ ギャカ
↗紙コップマラカス
やった!!
桜木家の土日はこれですぎていきました…
次の週――
わぁ すごい!
巧くんの好きなキャラクターのお人形ですねー
巧にとっても喜んでもらいました♪
ギャー!!
キー!!
おサルセッション
空き缶のたいこ。手に鈴もつけてみました。
お母さんがつくるものにはその子の好きなものが取り入れられていたりして…
かなわないなあって思いますね
なにができるの?
わくわく
なにかなー あててみてー たのしみだねー

Chapter 07　感じる心を育む

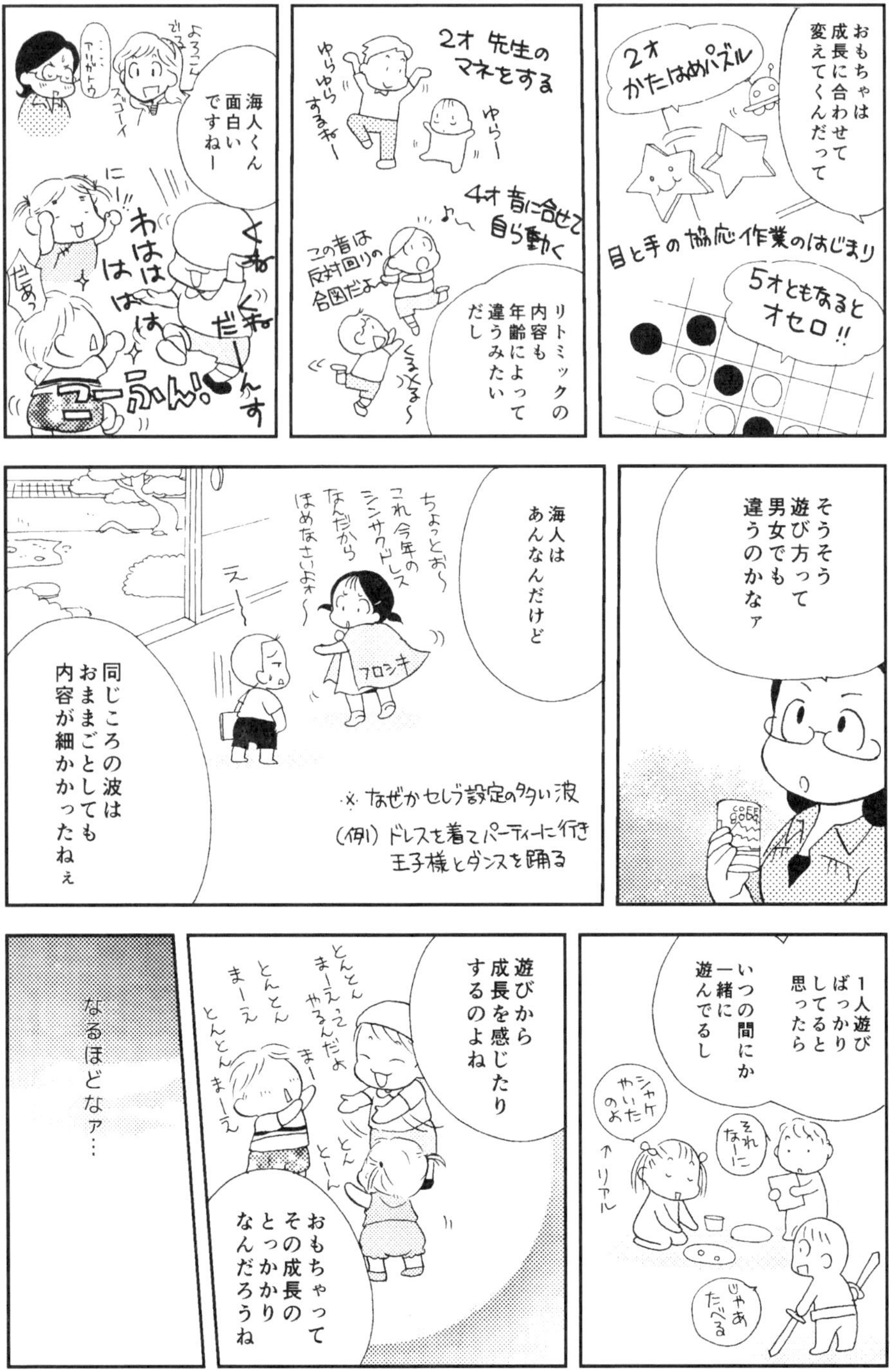

Chapter 07　感じる心を育む

キラキラ
ぶらぶら…
こういったものが
子どもたちへの
いい刺激になるの
くしゃくしゃって
するとやわらかいね
キレイだね楽しいね
——そんな事を
言い合ううちに
やさしいね
やさしいー
ないた あかおに
うみの おとが するー
キラ キラ〜
感じる心が
育まれるんですよ
さーさー
のーはー
さーら
さらー
今夜は そーめんだぞう
食事当番
さー
さー
どぉ
たっくん
きれいー?
きれー!!
にぎられて くちゃくちゃ
ごはん できたよー
たっくん
お空に星の川が
流れてるよー
キラキラだよー
かわ!
みる!
きょろ きょろ
きらーん
キラキラ
きれー
そう
だねー
キレイ
だねー

先輩ママ＆保育士に学ぶ！

01 おもちゃで遊び、おもちゃで学ぶ

[先輩ママの声]

長女が5歳の時、保育園のおもちゃで一緒に遊んでみて驚きました。数を数えたり、色を合わせて組み立てたりと、「考えて遊ぶ」ようにできているんです。いまでは、「おもちゃ」＝「楽しみながら学ぶもの」と考えて、選ぶようにしています。(佐々木)

[保育園から]

おもちゃは子どもの発達に合わせて、興味を引いたり、自分で工夫を加えて遊べるものを選び、本気で遊び込めるようにしています。例えば、鍋のおもちゃがある場合はコンロのおもちゃも揃えるようにして、本格的な「ごっこあそび」ができるようにして、子どもの想像力を刺激します。ボタンのかけ方、リボンむすびの結び方など、生活していくうえで身につけたいことも、遊びながら学べるようにしています。(岬)

02 子どもの感性を刺激する「しかけ」づくり

[先輩ママの声]

保育園の廊下やお部屋の壁は、季節ごとの子どもたちの作品や、先生方が作った飾りで彩られています。綿や毛糸でできたふわふわ・もこもこの、触って楽しいものもたくさん。壁に貼ってあるだけでなく、天井からぶら下がっているものもあって、立体的な展示が魅力的なんです。(桜木)

[保育園から]

「ブラブラ」「ふわふわ」「キラキラ」「きれい」「楽しい」といった感覚を、子どもは最初から知っているわけではありません。いろいろなものに触れ、周りからの「ふわふわしてるね」といった声かけがあるからこそ、そう感じ、言葉で表現する力がついていきます。保育園は、そのきっかけになる「しかけ」をたくさん用意することで、子どもの豊かな感性を育みたいと考えています。(園長)

03 行事をとおして文化を知る

[先輩ママの声]

保育園に通っていると、七夕には大きな笹が飾られたり、ひな祭りにはひな人形の横に本物の桃の花が飾られたりして、本格的な行事を楽しむことができるんですよ。家ではそこまで手を込んだことをするのは難しいので、子どもにそんな経験を与えてもらえることがありがたいです。（佐々木）

[保育園から]

保育園では、とくに日本の伝統行事の伝承に力を入れており、飾り付けに加えて、当日の給食・おやつにも一工夫しています。例えば、人日（じんじつ）の節句には七草粥、節分には鰯や豆。桃の節句にははまぐりや菜の花、ひなあられを献立に取り入れて、子どもたちには各々の「由来」も話して聞かせます。行事と深く結びついた、日本ならではの「食の文化」も伝えていきたいと考えています。

（園長）

「感動」のお手本になる

例えば、誰かと一緒に映画を観に行って、相手と全く違うところで自分だけ「プッ」と吹き出したり、相手は"大号泣"しているのに自分はケロッとしていたり——「感動」の仕方は人によってさまざま。それはおそらく、「心の動き方」が人によって違うからではないでしょうか。

映画に限らず、人が抱く感想に正解というものが存在しないように、「心の動き方」にも良し悪しなどありません。その一方で、心が"どれくらい動こうとするか、という点については、その振り幅を少しでも大きくしたい——というのがこの本の考え方です。

ひとつでもたくさんの物事に反応できる心があれば、その分だけ、日々の生活は新たな発見や気づきで満たされていきます。関わりを持ちたいと思う対象が増え、その一つひとつに心を震わせるたびに、自分を取り巻く世界から、より多くの喜びや嬉しさ、またときには悲しみをも受け取ることができるようになるからです。また、「受け取る」だけでなく、「伝える」ことを願う気持ちも、心がきちんと動くからこそ生まれる気持ちです。

初めての鉄棒で、誰の手も借りずに逆上がりができる子どもはまずいません。鉄棒の握り方から反動のつけ方、また腕の引き寄せ方から着地にいたるまで、「動き方」のお手本を示してくれる存在が必要です。心の動きによって生まれる「感動」にも、これと同じことが当てはまります。

多くのものを一緒に見て、聞いて、心の動きをとらえて大人が発した言葉や表情が、子どもに「きれいだな」「かっこいいな」「ふわふわだな」と感じる心を授けます。

Chapter 07　感じる心を育む

ピンポイントで見る おもちゃ

子どもの手が、さまざまなモノの、形・手ざわり・しくみを知る手伝いをしてくれるもの。やがて、想像力や考える力を伸ばしてくれるもの。

成長に合わせて選びましょう。

0歳

腕全体を使って、「引っ張る」「振る」「出す・入れる」

引っ張りだしたり、中に入れたりして遊びます。

マラカスや、ビーズを入れたチューブにコルク栓をしたものなど、振ると音が出るものも喜びます。

1〜2歳

手先を意識して、「はがす・くっつける」「つなげる」「当てはめる」

車同士をつなげて遊びます。

手で触ったものの「形」を意識できるようになるため、「型はめ」タイプのパズルや、木工のおもちゃなどで遊ぶようになります。

3歳

完成形を想像して、「作る」「組み立てる」

例を見ながら、同じ模様も作って遊びます。

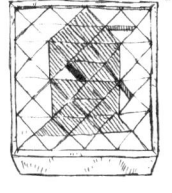

たて・よこ・斜めに積むことのできる立体ブロックで、自分で想像しながら組み立てることも楽しみます。

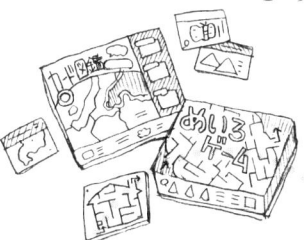

4歳

集中力を持続させて、「組み合わせる」「並べる」

6面にそれぞれ描かれた絵の完成を考えながら組み合せます。

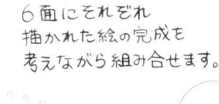

専用のプレートにカラフルなビーズをはめて形づくりを楽しむアイロンビーズやドミノなど、手先に長く集中する遊びもできるようになります。

5歳

記憶力や知識を使って、「解く」「競う」

ある程度文字も読めるようになるため、クイズ形式の遊びが可能になるほか、友だちとの対戦形式によるゲームも、ルールを守って楽しめるようになります。

ピンポイントで見る絵本

文字や言葉を知るきっかけのほかに、見たことのない生き物や、行ったことのない場所、そしてまだ感じたことのない「気持ち」との出会いも与えてくれます。

なでしこ保育園の子どもたちも大好きな絵本の中から一部を紹介します。

0〜1歳

擬音語や擬態語、かけ声で楽しむ絵本。

しぐさと一緒になった言葉の繰り返しを喜びます。読み聞かせの声に合わせて、「いない いない ばあ」や「おいで おいで」など、お気に入りのフレーズを自分でも表現します。

『いない いない ばあ』
（文・松谷みよ子、絵・瀬川康男　童心社）

『たまごのあかちゃん』
（文・神沢利子、絵・柳生弦一郎　福音館書店）

『ねないこだれだ』（文・絵・せなけいこ　福音館書店）

『もこ もこもこ』
（文・谷川俊太郎、絵・元永定正　文研出版）

2歳

リズムに合わせて、一緒に読む絵本。

節がついた絵本を、口ずさめるようになります。また、お話を聞いて、「くすっ」と笑ったりもするため、読み聞かせる側にも反応を見ながらページをめくる楽しみがあります。

『いろいろおせわになりました』
（文・絵・やぎゅうげんいちろう　福音館書店）

『三びきのやぎのがらがらどん』
（絵・マーシャ・ブラウン、訳・瀬田貞二　福音館書店）

『めのまどあけろ』
（文・谷川俊太郎、絵・長新太　福音館書店）

3歳

物語を味わう絵本。

読み聞かせにじっと聞き入るようになります。お話が心に届くと、おしまいの余韻を楽しむ様子が見られます。

『かにむかし』
（文・木下順二、絵・清水崑　岩波書店）

『からすのパンやさん』（文・絵・かこさとし　偕成社）

『どろんこハリー』
（文・ジーン・ジオン、絵・マーガレット・ブロイ・グレアム、訳・渡辺茂男　福音館書店）

Chapter 07 感じる心を育む

想像力を刺激し、心を動かす絵本。

4〜5歳

少しずつ長いお話を聞くことができるようになります。画面展開がある毎にどんどんお話の世界に引き込まれていき、読み終わったあとには「ふーっ」とため息が出るほど"固唾を呑んで"聞いています。しばらくすると、口々に感想を言い合うのも、下のクラスの子どもでは見られない光景です。

『スイミー』
（文・絵・レオ・レオニ、訳・谷川俊太郎 好学社）
『きょうはなんのひ？』
（文・瀬田貞二、絵・林明子 福音館書店）
『おしいれのぼうけん』
（作・ふるたたるひ、たばたせいいち 童心社）
『モチモチの木』
（文・斎藤隆介、絵・滝平二郎 岩崎書店）
『めっきらもっきら どおんどん』
（文・長谷川摂子、絵・降矢なな 福音館書店）
『100万回生きたねこ』
（文・絵・佐野洋子 講談社）

日本の絵本に限らず、海外の絵本や、同じ作品でも出版社がちがうもの、また図鑑も含めた「いろいろなジャンルの本」に触れることで、子どもの中に自分なりの「お気に入り」が生まれます。

親子でつくる絵本の思い出

あなたの思い出に残っている絵本は何ですか？ お母さんやお父さんに繰り返し読んでもらった本、通っていた保育園・幼稚園でみんなのお気に入りだった本、おはなし会で読んでもらって心に残った本、家にいる時、いつもそばに置いていた本。絵本のことを思い出すと、それを読んでもらった時、あるいは読んでいた時の記憶も一緒によみがえってくるでしょう。その記憶が、絵本をかけがえのない一冊にします。

保育園では、毎日保育士が絵本の読み聞かせを行いますが、子どもがいちばん好きなのは、お母さんやお父さんに読んでもらう絵本です。大好きなお母さんの温かい声で、あるいはお父さんのがっしりした膝にのって、絵本を読んでもらう――お母さんやお父さんが、自分のために、自分だけを向いていてくれる…という実感が子どもの幸せな気持ちをふくらませます。だからこそ、そうして読んでもらった絵本は、大切な絵本として心に記憶されるのです。

自分の子どもには、どんな絵本を読んであげたいですか？ 子どもが大きくなった時、「あ、小さい時に読んでもらったなぁ」と、思い出してほしい本、そしていつの日か、「自分の子どもにも読んでみたい」と思ってもらえたら嬉しい本は、何でしょうか。子どもと一緒に、かけがえのない一冊の思い出をつくっていきましょう。

なでしこ流メソッド

9 おもちゃのかたちの愛情。

成長に寄り添い、大好きなものがたくさん取り入れられた手作りのおもちゃは、かけがえのない贈り物になる。歩みに合わせて、喜ぶものを考える楽しみは、親にとっても大きな喜び。

10 読み聞かせが伝える温もり。

お父さん・お母さんの温もりを感じながら大好きな声で読んでもらう絵本が何より嬉しい。「自分のために選んだ本を自分のために読んでくれた」実感が、心に灯をともす。

11 思い出が育む日本の心。

家族みんなで一粒ずつ数えて節分の豆を食べたこと。月を見上げながら餅をつくうさぎの話を聞いたこと。五感で体験した伝統行事の楽しい思い出が、日本を「感じる心」を育む。

106

Chapter 08
いのちの大切さを実感できるようにする

おしゃべりすると
ありがとうって
キレイにさくの

かけがえのないもの。目には見えないもの。触れられないもの。
——大切なことに気づかせてくれる生き物が
たくさん登場します。

#『のんちゃんと百歳の樹』

帰りもまだ
明るいなんて

夏ねぇ
のんちゃん

ぺろん!!

見て見て
カタツムリの
親子♥

こんにちは
何見て
いらっしゃ
るの?

ささっ!
↑あいかわらず

上条さん

アラ
桜木さんだわ

かわいーねー
かーいー

107

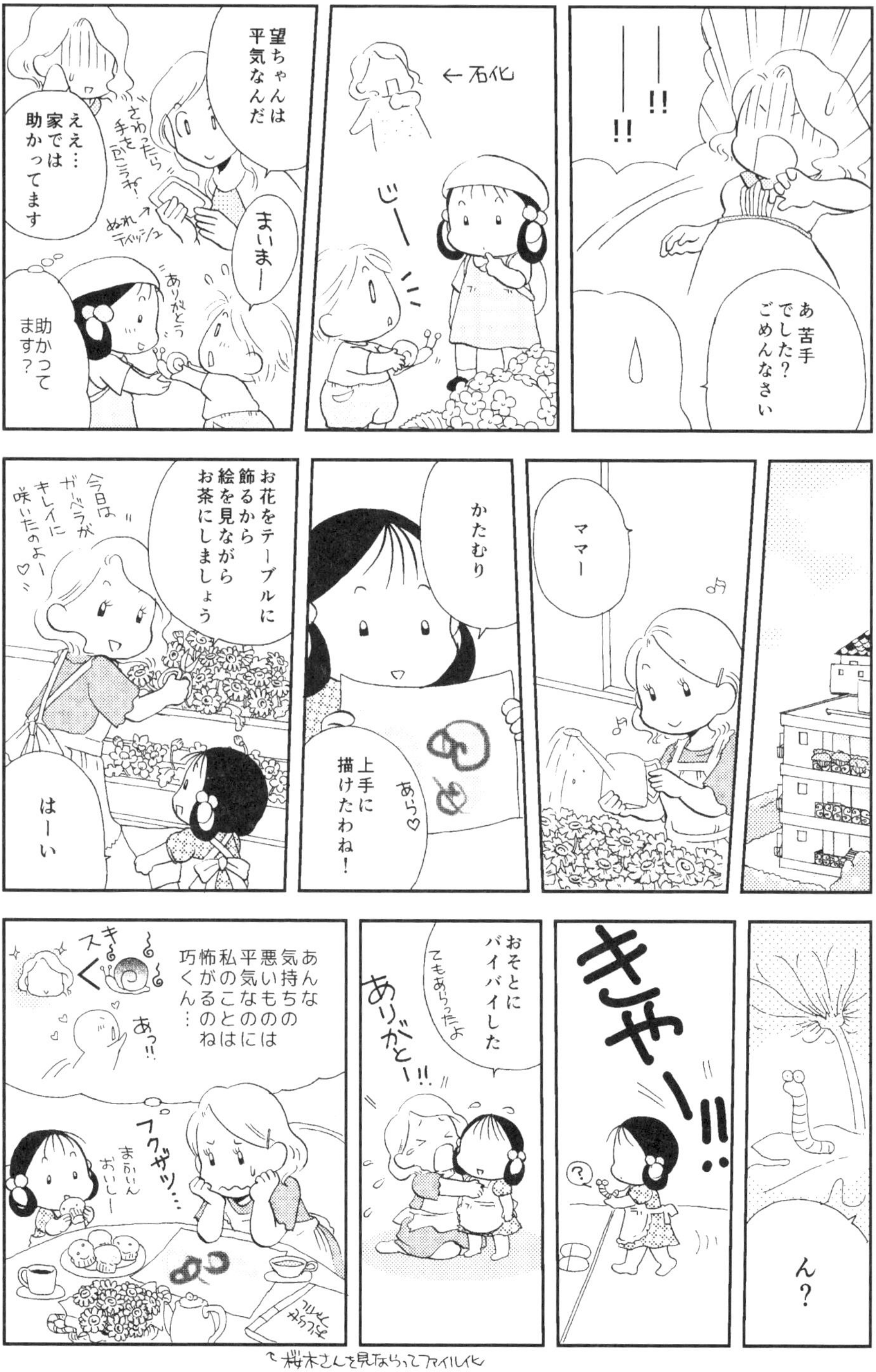

↑桜木さんを見ならってファイル化

Chapter 08　いのちの大切さを実感できるようにする

110

Chapter 08　いのちの大切さを実感できるようにする

あ、人がいっぱいいる
こんにちは
かーちゃん
勇介!!
みて!
ぼくのアサガオにつぼみがついたよ
わァすごい!
きっとキレイなお花が咲くわね
うん!!
あちらのアサガオは去年とった種から育てたんですよ
来年用に球根をほしてる
四季折々の植物に触れるのはみんなの楽しみです
都心でこんなに植物に囲まれてる環境はなかなかないですよね
せんせいあのくものす
かんらんしゃだね
小さいからそーっとさわらないと足がとれちゃうよ
ばったっていうの―
みょん
みょん
だんごむしーまるーい
子どもたちにはいろいろないのちに触れてその大切さを知ってほしいですね
まあ…
お母さんはムリしなくていいですよ
ありがとうございます!!
ほっ
くすくす
いまさらムリ!!
?

Chapter 08 いのちの大切さを実感できるようにする

ママは？
年のこと？
あっマカロン♡
↑めーめの席。
のんちゃん3さいなの
んと んと
ばーばは59歳よ
心は18才よ!!
ママは35歳
だれがいちばんながいき？
ママのママだからばーばね
アラ!!
ばーば藤みたいね
よく覚えてるわねぇ
100年藤を見に行ったのよ
藤の花みたいにキレイってことね！
藤の木みたいに腰が曲がってるからじゃないの？
あんたねェ
その日のんちゃんが見たのは…
藤とアジサイに囲まれる夢
何の夢見てるのかな？

Chapter 08　いのちの大切さを実感できるようにする

先輩ママ＆保育士に学ぶ！

01　いろいろな「いのち」に触れる

[先輩ママの声]

植物は好きですが、昆虫などの生き物はどうしても苦手……。でも、保育園ではカメやザリガニなどの生き物を飼っているので、子どもは、餌や水をあげたり、生き物の絵を描いたりして、生き物に親しんでいます。いつの間にか名前にも詳しくなっていて、私、教えてもらうことがあるんですよ。（上条）

[保育園から]

都会で暮らしている子どもたちの多くは、自然とのかかわりが薄くなりがちです。このため保育園では、季節ごとにいろいろな植物・生物を育てたりして、自然と接する機会を増やしています。生き物に触れるなかで、子どもはその習性や特色を知り、興味を持ってやさしく接するようになっていきます。（藤井）

02　種をまき、また種を取るまで

[先輩ママの声]

保育園の4、5歳のクラスでは、子どもたちが一人ひとりの鉢で朝顔やひまわり、チューリップなどを種から育てています。つぼみがついたり、花が咲いたりすると、お迎えのたびに「見て！」って連れて行かれるんですよ。毎日の水やりを忘れ、先生に言われて慌てて水やりをしながら朝顔に謝る姿を見て、「そんなことを感じるようになったんだなぁ」と嬉しく思いました。（椎名）

[保育園から]

保育園で大切にしているのは、子ども自身が、最後まで面倒をみることです。植物であれば、花が枯れた後も、種をとってまた蒔いたり、球根を次の年のためにしたりします。子どもたちには、植物は花を咲かせた後に枯れ、また次の年のための種・養分を残すという「いのち」の力強さ・つながりを、体感してほしいですね。（園長）

115

03 お誕生日は"最高に嬉しい日"に

[ママの声]

保育園で迎えた、初めてのお誕生日の当日、お迎えに行くと、子どものの胸に手づくりのバッジがつけられていました。他のお母さんたちからも「おめでとう」と言っていただいて、人見知りなのに得意気にしていた子どもの姿がとても嬉しかったです。（桜木）

[保育園から]

お誕生日は子どもに、「生まれてきてくれてありがとう」と伝える日です。保育園では、子どものお誕生日当日、みんなに分かるようにお祝いバッジをつけてあげます。子ども同士だけではなく保育士や保護者の方にも、「お誕生日おめでとう」と祝ってもらうことで、子どもは一つ大きくなったことの嬉しさ、喜びを感じます。誕生日は、子どもにとっては、自分を大切にする気持ちを育む大切な日。またお母さんにとっては可愛い子どもの成長を喜ぶ節目になります。（園長）

お母さんの気持ち

「のんちゃんはどうして平気なの？」

カタツムリを見て石化した上条さんや、カメを差し出されて取り乱した椎名さんや、共感を覚えた方も多いのではありませんか？ 子どもの頃はしょっちゅう触れていた虫や爬虫類が、いつの間にか「見るのも怖い」存在になるのは、少し不思議なことですが、人と、犬や猫などごく一部の哺乳類しか身近にない生活が続けば、そうした変化も当然といえるのかもしれません。むしろ、普段見慣れないものに対して、とっさに距離を置こうとするのは、心の動きとしてはとても自然です。

けれども、例えば子どもが、目の前の花にとまった小さな虫にそっと触れようとしている時、「触っちゃダメ！」という言葉をかけるのはちょっと我慢してみてください。子どもの毎日は、新しい出会いの連続です。恐怖や気味の悪さより、好奇心や親しみを感じられるものを増やすために、まずは距離を縮めて接するというステップが必要です。名前の分からない昆虫との出会いも、子どもにとっては、貴重なチャンスのひとつなのです。

見に行こう、触れてみよう

すぐできるヒント

お家での栽培や飼育はなかなか難しいもの。
生き物に会いに出かけてみましょう。

動物園・水族館へ行こう

なんといっても、たくさんの動物や魚を間近に眺めることのできる動物園・水族館は、生き物を「見る楽しみ」「知る楽しみ」にあふれています。

例えば、動物園でゾウ舎の前に立てば、ゾウは「鼻が長い」ということに加えて、「尻尾も長い」「背中に毛が生えている」ということを目で見て知ることができます。動物の「におい」も、実際にそこに動物がいなければ感じることのできないものです。水族館では、いくつかの水槽をめぐるうちに、「ぐるぐる泳ぎ回る魚と、砂の上でじっとしている魚がいる」ということに気がついたりもするでしょう。

「海では魚の"開き"が泳いでいる」と思っている子どもがいる——そんな笑い話がありますが、スーパーに並ぶ魚の姿しか知らなければ、当然起こる勘違いだといえるでしょう。何かを知ろうとする興味・関心には、それが発揮される「きっかけ」が必要です。絵本や図鑑、またお母さんやお父さんの「お話」にも、きっかけづくりの力があります。

生き物に教えられる「いのち」のこと

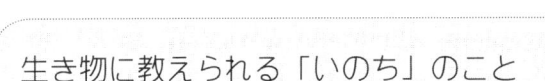

「生きている」とは？また生き物の「いのち」とは？——ということを、しっかりした言葉で理解するのは簡単なことではありません。

例えば、ザリガニはエサを、花は水を栄養にして、「生きている」。それぞれの生き物の、大人には当たり前の仕組みも、子どもにとっては一つひとつ学んでいかなければ分からないことです。そして、このことは、理屈で理解するのは難しくても、身近に触れている生き物から感じ取ることができます。

子どもは自分でお世話することで、急な水質の変化が苦手なザリガニは、エサをやった後の水が汚れたままだと死んでしまうことを知る。プランターに植えた植物には、下から流れ出すくらい水をやらないと、根が水を吸収できずに枯れてしまうことを知る。そうして、命のはかなさや、お世話することの責任が分かるようになります。

命を題材にした絵本を読んだ時、お友だちとケンカして傷つけてしまった時、食べ物を粗末にしてしまった時——折に触れ、保育園では命の大切さを子どもに伝えます。お父さん・お母さん、先生、お友だち、そして自分も、虫も花も小鳥も、みんな同じ「いのち」だということを子どもが実感できるのは、普段、身近に命に触れているからこそです。生き物への愛情をとおして、自分の周りにいるかけがえのない人たちへの思いやりの気持ちや、自分自身を大切にする心も育っていきます。

なでしこ流メソッド

12 生き物は「いのち」の先生。

生き物が「生きている」のだとはっと気づいた時、目に見えない「いのち」のことが分かってくる。春に芽吹く木々や、エサを担いで巣穴に急ぐ小さな虫が、生命の力強さとはかなさを教えてくれる。

13 誕生日には「生まれてきてくれてありがとう」。

誕生日は、あなたがいてくれて本当に嬉しい、というメッセージを伝える最大のチャンス。「自分の存在をこんなに喜ぶ人がいる」という事実が、子どもの心に絶対の自信と安心感を届ける。

Chapter 09
食事をとおして心を育てる

食事の時間は、
美味しいな、嬉しいな——
子どもの心をそんな気持ちでいっぱいにしたいですね。

#『ぜんぶ食べたよ』

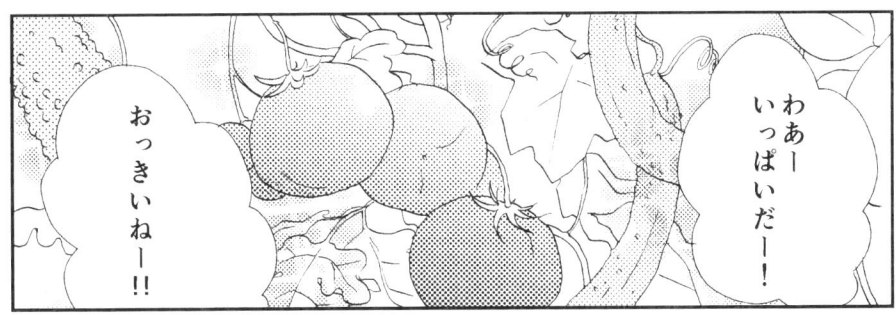

わぁ いっぱい とれたねー
お店みたいでしょ!
いらっしゃい トマト ひゃくえん だよ!
じゃあこっちの プチトマトは おいくら かしら
↑主婦の おかいものポーズ
はーい 90えん でーす
おくさん やすいよ
先生 キュウリは これで全部 です
あついぃー
ありがとう 勇介くん
えー たかくなーい?
しょーがないなー 50えんに まけた げるわー
まいど ありー
これも
おまけも つけた げる!!
みんなで給食の 先生のところへ 持っていこう!
お願い しまーす!
調理室
これで おいしい給食を つくるわね!
わぁ〜立派な お野菜だこと!
ありがとう ございます
ごはん ないひと いませんか
はーい ならんで くださーい
ぼく おおもり!!
おいしそー!! だね
今日の収穫で 1品ふえた →
手を あわ せて!!
今日のメニュー くまさんチーズハンバーグ
いただきます!
いー
たー
まー

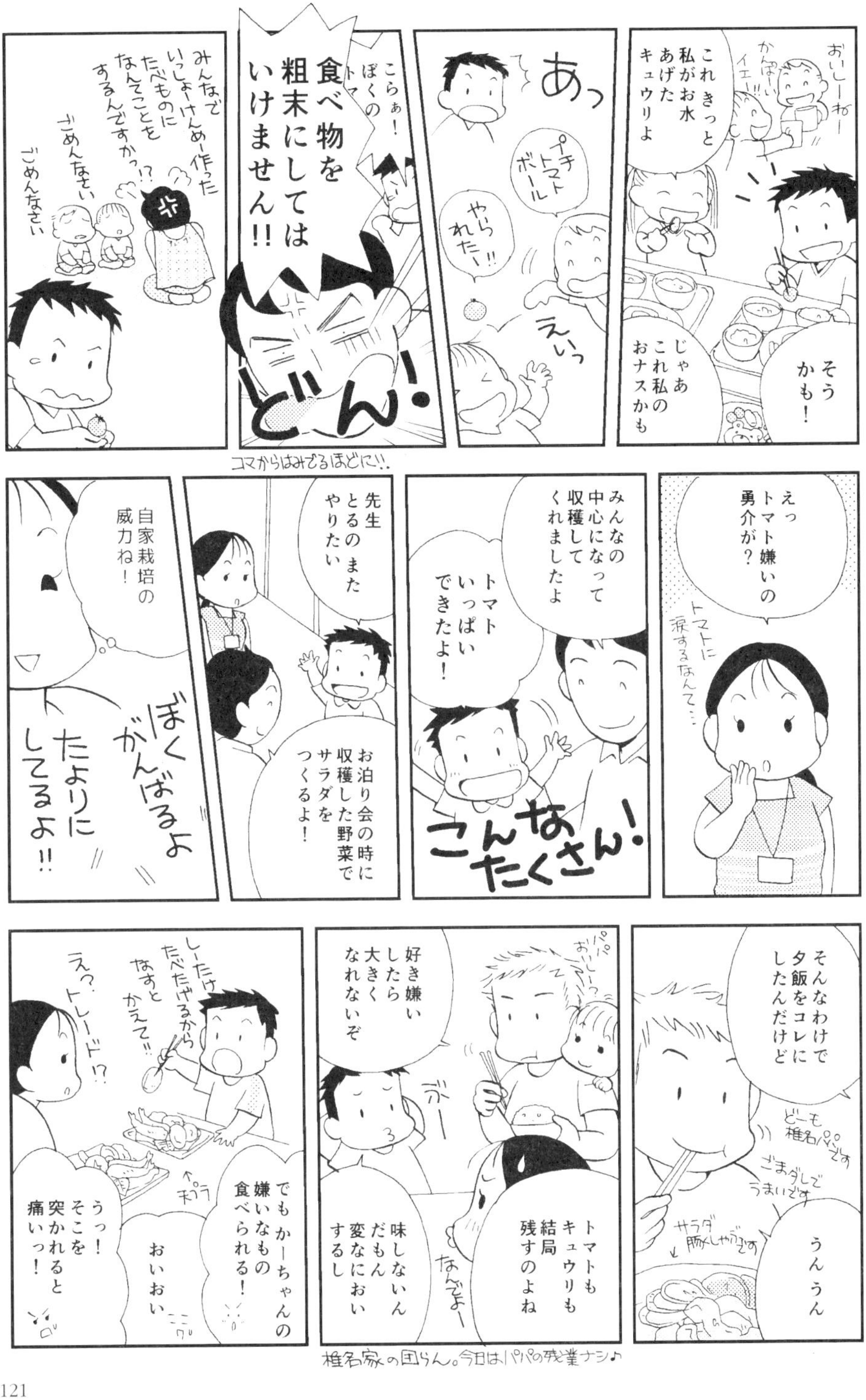

椎名家の団らん。今日はパパの残業ナシ♪

122

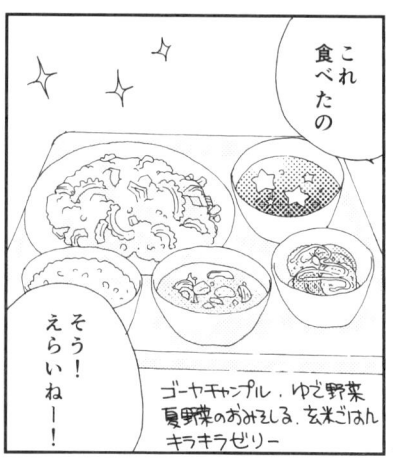

残って食べたりしてない？
そんな子いなぁい！
こんだてのざいりょう
あか　きいろ　みどり
給食だよ!
月　火
うぬぬ…
アレおいしかったね
うん
うむむ…
アラそうね
お…おダシは何かしら…
薄味にしてるので子どもには食べやすいのかもしれません
はっ!
うす味!?
素材の味を残したままでいいってことですか!?
こんにちは園長です!
子どもに合わせて食べられる量に調節したりもしています
いただきます!
多い
すこしすくなめ
ぜんぶたべたよー!ごちそうさまでした!!
達成感!
4・5歳は自分たちで食事の準備をしますし
へー
ぼく半分!!
一コならがんばってたべるから!!
えらいぞ!!
ごちそうさまー
だいじょーぶよ!!
みんな工夫して食べてますね
ぐつぐつ
ごはんなーに？
あとほーれんそうとおあげのみそしる
からあげとサラダともやしとキュウリのゴマ和え～
ほーれんそーにがいー
きゅーりー？
おいしくつくるからねっ
えー
えー

食べられるだけとってごらん
テーブル拭いてご飯並べてくださいっ
ちょい…
こんだけ…
分かった！
支度できた？じゃあ食べようか
食べようかじゃなくて「いただきます」だよかーちゃん
だよママ！
いただきます!!
あ、ハイスイマセン…
もぐもぐ
ふーふー
うん
食べられそうならおかわりして
もうちょびっと食べる
きゅーりすっぱくない食べるー
いける!!
おみそしるはもーいらない
↑問題は残るが上々
すっぱくないきゅーり＝いつものドレッシングが苦手だった事が判明しました
そして…
完食!!
ごちそうさまでした!!
ぽんぽん!!
いつもなら残すわごねるわなのにスッキリ終わった！
いらない たべない!!
キセキだわ!!
えっへん!!
ママかんげき!!
全部食べてくれて嬉しいな！
それじゃあみんなで片づけよう♪
たーべたたべたー
ぜんぶたーべたー♪
ただいまー
パパきょうぜんぶたべたの!!
えーすごいねーみみちゃん!!
対戦しよーとーちゃん!!

Chapter 09 食事をとおして心を育てる

一所懸命育てた野菜たちの
今年最後の収穫日がやってきました
最後の1コだね
どうぞ
ちょん
……トマトさん
ありがとう
そうだね！ありがとう!!
また来年もよろしくね！
ありがとう
ありがとう!!
夏が終わろうとしています

先輩ママ＆保育士に学ぶ！

01 自分で栽培したもののおいしさを知る

[先輩ママの声]

保育園でトマトやナスなどの夏野菜を育てているのですが、普段は「嫌い」と言うものでも、園で収穫したものは食べているので驚きましたね。私は植物を育てるのが得意ではなく、野菜栽培なんてやったこともなかったのですが、ミニトマトくらいならプランターで育ててみようかなと思いました。（椎名）

[保育園から]

自分たちで作物を育てることで、芽が出て、茎が伸びて、花が咲いて、実をつけるまでの様子などに興味を持ちます。そして、育てる人たちの手間や愛情を知ることができます。こうしたことと、作物がとれたてで新鮮であることが相まって、同じ作物でもよりおいしいと感じることにもつながるのです。食事を残さず食べる、ということにもつながるのです。（園長）

02 食事の時間は楽しく！

[先輩ママの声]

子どもが食べ物を残そうとすると、栄養のバランスが心配になったり、ワガママに感じたりして、何とか食べさせようとしてしまいます。でもうちの子は、一度「嫌だ」と言うと頑として食べないので……。いまは、できるだけ楽しく食べられるように、「おいしいごはんつくるよ」とワクワクするような声かけをしています。（椎名）

[保育園から]

保育園では、保育士が美味しそうに食べてみせたり、量を加減するなど、それでも進まないよう無理には食べさせません。長い目で見れば、食事の時間を「楽しい」と思えることが何でもおいしく食べることにつながるので、楽しく食べられる雰囲気づくりを心がけています。仲間と一緒に食べることを楽しいと感じると、給食の時間が待ち遠しくなるものです。（浅見）

03 食事は準備から片づけまで

[先輩ママの声]

食べ終わったら、保育園と同じように、みんなで揃って「ごちそうさま」を言って、みんなで片づける──ということを、今更ながら徹底しました。そのほうが、子どもは決まった時間にきちんと食べようとしますし、「全部食べた」という嬉しさも感じられるようです。(椎名)

[保育園から]

保育園では、年長クラスでは当番制にして、自分たちで配膳や後片づけを行います。食事の支度に自分もかかわることで、つくってくれた人への感謝の気持ちを感じることができます。お手伝いするだけでも、子どもはできあがりをわくわくしながら待つようになるもの。自分で育てた時と同じように、苦手なものでも「食べてみよう!」と思えることがあるんです。(藤井)

一緒に食べるからこそ、おいしい

一日の仕事を終え、子どもと一緒に帰宅し、"もうひと頑張り"で夕飯を作り、食卓を囲む──忙しいお母さんにとって、やっと腰をおろして一息つけるのが、夕食の時間ではないでしょうか。子どもにとっても、この時間は、お母さんの顔をゆっくり見ることのできるかけがえのない時間です。

調理の時間がとれず外食になったり、出来合いのお惣菜が多くなったり──いつも「完璧」な献立にはならなくても、一緒に食卓につき、お互いの顔を眺めながら、同じ物を食べることが「家族の夕食」のしあわせです。

子どもは、今日あったことを聞いてほしくて、うずうずしているはずです。保育園で、今日はどんな絵を描いたのか、お散歩でどこへ行ったのか、給食では何が一番おいしかったか──など、保育園での様子を想像しながら質問してみると、きっと喜んで答えるでしょう。他愛もない、と言ってしまえばそれまでの、とりとめのないやりとりと、お母さんから向けられる「おいしい?」「おいしいね」といった言葉が、子どもの心を温かくします。

お母さんの気持ち

「どうして食べてくれないの？」

「作ったものを、全部おいしく食べてほしい」というのが、食事に関するお母さんの何よりの願いではないでしょうか。心をこめて食事を作っても、「キライ！」の一言で見向きもされないと、がっかりしてしまいますよね。しかもそんなことが頻繁にあると、栄養面のことだって気にかかります。

でも、安心してください。食べられないものがあったり、どうしても食べようとしない日があったとしても、子どもの健康に大きなダメージはありません。また、食べられる量は子どもによってさまざまなので、他の子どもと比べて少ないからといって気を揉む必要もありません。まずは、気持ちをゆったりと持ちましょう。

そのうえで、「作ったものを、なるべくたくさん、おいしく」食べさせるための簡単な工夫を、ここでは二つ紹介します。

一つ目は、子どもを「その気」にさせること。食卓で、お母さんやお父さんがおいしそうに食べていたら、子どもも仲間に入りたくなるでしょう。また、「おいしいよ。お母さんは大好きだよ」「食べると強くなるよ！」など、ポジティブな声かけ

も効果的です。さらに、少し年齢が大きくなってきたら、テーブルを拭いたりお皿を並べたりする準備を手伝ってもらうのも、食事に対する子どもの関心を引くきっかけになります。マンガの中では、椎名さんが、みみちゃんと勇介くんに事前に食べる分を自分で決めさせて、大成功していましたね。

そして二つ目は、思い切って「味つけを変える」こと。味覚の中で、初めに養われるのは、塩味・甘味・旨味の三つで、酸味・苦味は後から経験を重ねることによって対応できるようになるものです。みみちゃんも、「酸っぱい」味つけをやめたらぺろりと食べていました。また、子どもの舌には、味覚を感じるための味蕾が大人よりも多く存在し、そのため子どもの味覚は大人の二倍ほど敏感であると言われています。大人にとってはちょうど良い味つけも、子どもの味覚にとっては「○○すぎる味」になってしまう場合が多くあるのです。例えば、料理の味付けにはしょう油と塩が欠かせませんが、それらを少し控えるだけでも、子どもの反応は変わるかもしれません。

すぐできるヒント

特別な日のハンバーグ

なでしこ保育園の給食には、おいしく・楽しく食べるためのヒントがつまっています。

例えば、その季節にこそおいしい食材を使うこと。園内行事の日には、行事にちなんだ献立にすること。郷土料理や世界各国の料理を献立に取り入れること。なでしこ保育園の献立から、ちょっと特別な日の食卓で、子どもの「おいしい・楽しい」を聞くためのアイデアをご紹介します。

5月5日「こいのぼりハンバーグ」

ハンバーグだねをこいのぼり状に成形して焼いたら、うずらのゆで卵のスライスをこいのぼりの「ぎょろ目」にします。最後に、ソースで「うろこ」を描いて、完成！

9月30日「お月見ハンバーグ」

ハンバーグを正円に成形して焼いたら、なるべく同じ大きさになるように焼いた目玉焼きをそのうえにトッピングします。

ハワイの"どんぶり"「ロコモコ」

深めのお皿によそったご飯に、ハンバーグ、目玉やき、キャベツの千切りをトッピングして完成です。日本の「丼」にとても良く似た、ハワイの定番メニューです。

130

お誕生日会の「くまさんハンバーグ」

ハンバーグだねを、①だ円・大（普通のハンバーグ形ですね）、②だ円・小の2種類に成形して焼きます。①を半分に切ったのが、くまさんの耳になります。スライスチーズで作った耳のしるしと鼻のしるしを乗せて、ソースで目を描いたら（小さく切ったにんじんなどでも可）完成です。

※たっくんは離乳食中なのでハンバーグはまだ食べられません。

「いただきます」は誰に言うもの？

「一滴の水にも天地の恵みがこもっています。一粒の米にも万人の力が加わっています。ありがたくいただきましょう」——こんな言葉を耳にしたことがありますか？「いただきます」の意味を、改めて考えさせてくれる言葉です。

私たちの「食べ物」は、かつて、他の生き物の「いのち」だったものです。秋の水田で黄金色の穂を垂れていた稲は、お茶碗の中の真っ白なお米に、遠くアラスカの海を泳いでいた鮭は、鮮やかな切り身の塩焼きに、緑の大地で草を食んでいた牛は、鉄板のうえで油がはぜる焼肉の一切れとなって——。

加えて、すべての「食べ物」が、私たちの食卓の上にのるまでには、実にたくさんの人たちが関わっています。栽培する人、飼育する人、収穫する人、お店まで運んだ人、お店で販売した人、調理した人——そのほかに、より食べやすい形にするために、例えば牛を食肉へと、加工する人も欠かせません。丹精こめて、また愛情を注いで、「いのち」を育んできた人は、それが「食べ物」となる時の別れに涙することがあると言います。

食事の前の「いただきます」は、かつて「いのち」を宿していた目の前の「食べ物」が、ここに至るまでの長い道のりと、その過程に携わった、たくさんの人のはたらきに想いをはせるためにあるのです。

なでしこ流メソッド

14 食卓には楽しさを。

食卓での時間が和やかだと、「美味しさ」と「喜び」が強くなる。
食べ物への敬意や感謝は、心地良い記憶の中で育まれるもの。

15 「おいしい」はお手伝いから。

サラダにするレタスをちぎったり、テーブルまで料理を運んだり、箸を並べたりという食事の準備を一緒に。
小さなことでも関わりを持つと、食事は「他人事」ではなくなる。

Chapter 10
子どもの成長をゆっくり見守る

ふとした時に、自分の子とほかの子どもを比べてはいませんか？
思い出してほしいのは、初めての寝返り、初めてのハイハイ——
できるようになったことがただただ嬉しくて、
かけがえのない喜びを感じたあの瞬間です。

#『とってもよくがんばりました』

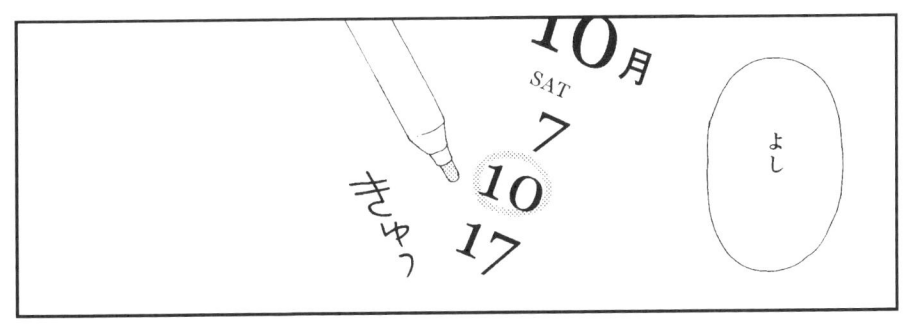

望…大丈夫かしら…

運動会かぁ…
もう少しで

1年前──
してない
してる
してない
違う保育園に通っていたころの上条さん
してない…
カチ
カチ
カチ
カウンタ
↑当時ロン毛の上条さん
クラスにあと3人だけの
オムツさん
のんちゃん 当時2歳
家ではオムツなしでも大丈夫なんだけどな…
流れゆくおしめ
ボールプール
今日からパンツだけでですか?
着替えは持ってきたので
おねがいします

Chapter 10　子どもの成長をゆっくり見守る

回想ヲワリ。
──という
ことが
ありまして…
あら
まだタッチ
してないの？
あのね
でね
そんでー
なのー
…
はーい
はーい！
望ちゃんて
静かよね
2歳の
わりには
ちょっと
小柄ね
お友だちについて
いけないんじゃ
ないかって
あせって
しまうんです…
今度の
運動会も
心配で～
上条さん
望ちゃんは
早生まれ
ですから
小さいころは
生まれ月による
違いもあり
ますけど
体格も
当然ですが
かたやピューッと
かたやハイハイ
4月
3月
4月に比べたら
たくさんおしゃべり
してくれますし
リトミックも上手に
なりましたよ
先生…
望ちゃんは
望ちゃん
ゆっくり
見守りま
しょう
はい──っ
？
そうよね…
望の成長を
楽しもう…
充電フルパワー

Chapter 10　子どもの成長をゆっくり見守る

あっ！やっぱり反対に回ってる
アレンジきまくり。
いえーい！
くる
くる
でもとっても楽しそう♪
パパー!! みてくれたー!?
どっ!
あぁ～集中力が切れちゃった！
ウケてますよーかわいー♪
最後に分身の術～！
にんっ♪
パチパチパチ
あっまとまった！
やぁ
どもです
あーヒヤヒヤした
力んで肩こるわ
うちもー
海人くんやみみちゃんでもそうなんだ…
すい
すい
もちゃもちゃ
びみょうにのりおくれてるのんちゃん
望はついていけないんじゃって心配してたんですけど…
何言ってんの上条さん!!
見なさいあの姿を！
望ちゃん超エライ！
え？
きょろきょろ
きちんと座って見てますよー！
うちの海人なんか大騒ぎしてるし
親が心配してても毎年ちゃんと育ってるもんよね
成長っぷりが見られて嬉しいですよね
本当にそうですね
次勇介出るよ
親子競技ももうすぐだがんばろ
応援しましょ!!

Chapter 10　子どもの成長をゆっくり見守る

さくひんてん
なでしこ保育園
うわー
~制作過程~
ほしぐみ
あ…望のだ
一所懸命つくったのね
もういっかいやってみようか
そうそうそのちょうし!!
のりはいっぽんゆびでとろうね
べちょ
来年も楽しみだな
にし りょういち
かみじょうのぞみ
くりた えま
せんせいおトイレいってきます
はいいってらっしゃい
※もちろん今ではちゃんと1人で行けるようになっています♪
くすっ

先輩ママ＆保育士に学ぶ！

01 一人ひとりの"いま"を楽しむ

[先輩ママの声]

うちの子は、みんなができることでも上手にできなかったりすることがあって、行事ではいつもヒヤヒヤして見ていました。でも先生に言われて気づいたんです。少しずつ、この子なりに、前よりもいろいろなことができるようになっているんだって…。「うちの子はうちの子、ゆっくり見守るわ！」という気持ちでいれば、自分の子の成長を楽しめるようになりますよ。（上条）

[保育園から]

行事の発表などでお母さんたちに見てもらいたいのは、結果ではなく過程です。これからまだまだ成長していく子どもが、いま頑張っている姿を見てもらいたい。たとえ上手くできなくても、それも二度とない"いま"を記憶に残す感動的な機会です。お母さんに「よく頑張ったね」と言ってもらえることが、自信につながり、子どもは次の機会もまた、安心してチャレンジできます。（園長）

02 挑戦を促すサポートを

[先輩ママの声]

子どもがワガママではなくて、能力的にまだ"できない"ことに対して叱ってしまったことを、反省しています。おもらしして叱った後、パンツを履くこと自体を嫌がるようになったこともありました。それ以来、"できない"ことについては、子どもが「挑戦したい」と思えるように、責めたりせずに、「もう少しだったね」と励ますようにしています。（椎名）

[保育園から]

子どもは集団生活のなかで、自ら向上心を持つようになります。例えば3歳以上であれば、おもらしをして「恥ずかしい」という気持ちもあるので、責めることなく「大丈夫。次、頑張ろうね」と伝えるようにしています。大人の役割は、子どもの、「できるようになりたい」「次こそは」といった意欲をくんで、さりげなくサポートすることだと思います。（浅見）

03 頑張ったことをかたちに

[先輩ママの声]

運動会で、「頑張ったご褒美に」ともらった先生手づくりのメダルを、子どもはとても喜んでいます。それを見るたびに、「今度、運動会いつ？」と言うんです。おもちゃや絵本、お菓子のように、遊んだり食べたりできるから喜ぶのではなくて、自分が頑張った証だ、ということが嬉しいようで、こんなところにも成長を感じました。（上条）

[保育園から]

できるようになったことや頑張ったことについては、おおいに褒めます。保育園では、運動会だけではなく、例えば跳び箱、鉄棒、マット、フープなど普段の運動遊びでも、年齢によっては一人ひとりの記録シートにシールを貼っています。頑張ったことが、子どもたち自身に目に見えるかたちで分かる、ということが大切ですね。（藤井）

「12カ月」をお忘れなく

集団生活の中の子どもを見つめた時、「できる・できない」に着目して、他の子どもとの違いさがしをしてしまいがちです。しかし、もともとの体質や性格に加え、月齢（＝生まれ月）の差があることを忘れてはいけません。

例えば同じ1歳児クラスでも、4月生まれの子は2歳になっていて走り回っている一方、3月生まれの子どもはついこの前1歳になり、ようやく歩けるようになったところです。スタートが、最大「12カ月」の範囲でばらばらなのですから、同じクラスの中でも「できること」には自ずと差が生じてきます。

また、兄弟がいる子どもは、お兄ちゃん・お姉ちゃんと同じことにチャレンジしようとするうちに、早くいろいろなことを覚え、できるようになったりもします。こうした月齢や家族構成による違いは、4、5歳ごろから、集団生活でみんなと同じことに取り組むなかで、少しずつ目立たなくなっていくでしょう。

ピンポイントで見る 見守るための心構え

そろそろできるようになってもいい頃なのに——。

「平均」や「通例」が示す適齢期に気をとられていませんか？ 成長は、「その子のペース」でできることを一つずつ増やしていく過程です。

言葉

言葉が出ないうちは、お母さんからどんどん話しかけて、子どもの聞く力とキャッチボールしましょう。子どもの言葉を引き出すことにつながります。また、子どもが話そうとしている時は、言葉がはっきりしていなくても、受け流したりせず、熱心な聞き手になります。

個人差がありますが、2、3歳くらいになると、「これなあに」「どうして」という、「聞きたがり」が始まります。例え同じ質問でも「バナナだよ」「甘いよ」「お猿さんが好きなんだよ」など、違う情報を盛り込んで言葉に変化をもたせます。言い間違えても、言い直させたりしないで、子どもとのキャッチボールを楽しみましょう。

オムツ卒業

早い子どもでは、2歳を過ぎる頃になるとオムツを卒業してパンツで生活できるようになりますが、当然のことながら、卒業を迎えるタイミングは一人ひとり違います。排せつにおいては、たとえ小さい子どもであっても、濡れた服や床を片づけるお母さんに、イライラした態度を示されると、傷つき、萎縮してしまいます。

トイレトレーニング中は、うまくできなかった時は前向きな言葉でフォローし、うまくできたらしっかり褒める、という姿勢を意識して保つようにします。

集中力

10、20分でも、2歳くらいの子どもを同じことに集中させるのは難しいものです。何かを始めてもすぐに中断したり、気が散って騒ぎ出したりしても、仕方がありません。

子どもの集中力を持続させようとするより も、食事、絵本の読み聞かせ、お出かけなど、何をするにも、ある程度時間を区切って子どもの集中力が持続する範囲で行いましょう。

4、5歳になったら、できることから一つずつ、集中して終わらせる・集中して持続させることをできるようにしていきます。一日のうちで、午前中は集中力がもっとも高まりやすくなります。

すぐできるヒント

行事で感じる「一年間」の成長

子どもの成長を間近で感じることのできる保育園の行事を見に行ってみましょう。初めての舞台の感動はもちろん、二年目以降には自ずと、一年前の同じ舞台での様子が思い出されて、「一年間」の重みを実感できるはずです。

なでしこ保育園には、運動会や作品展のほかに次のような行事があります。

音楽会

歌と、さまざまな楽器を使った合奏を発表する行事です。

歌は、歌詞の内容が年齢に合ったものを選びます。子どもたちは、覚えた歌詞をメロディに乗せて、みんなで声を一つにします。

合奏では、子どもたち一人ひとりが楽器を担当して、それぞれが持つ音色を大切に奏でます。しかも、合奏に用いる楽器の種類は、年齢に応じて次第に増えていきます。2歳児クラスのカスタネット、タンバリン、鈴などの「振ると音が鳴る」楽器から、4歳児クラスの木琴や鉄琴など、演奏の対象は広がります。5歳児クラスでは、全員で鍵盤ハーモニカにも取り組みます。この楽器の変化は、子どもの音楽の聞き方が、「リズム」や「音の強弱」に加え、「メロディ」を味わうようになる過程にも対応しています。

普段から歌や楽器に親しんでいること、そして毎日のリトミック（第11章に登場します）で繰り返し経験している「音」や「リズム」を感じ・振る舞うことが、小さな「合唱団」あるいは「音楽隊」としてのいきいきした表現に結びつきます。

生活発表会

一年間の保育のまとめとして、絵本を題材にした劇遊びを発表する行事です。一つの劇を作りあげるために、言葉の要素（台詞の表現）、運動の要素（役の動作の表現）、絵画・制作の要素（小道具・大道具・背景の絵の準備）、そして音楽の要素（劇中に取り入れるリトミックの表現）など、保育園の生活で日々取り組んでいる活動で身につけたものを総動員します。何より、毎日の読み聞かせや、自分が好きな絵本を何度も読み返すことで積み重ねてきた「絵本をじっくり味わう体験」が、物語のイメージを膨らませ、「自分たちの劇」を描くことへとつながります。

劇遊びに取り組む過程で、保育士は登場するキャラクターたちの「気持ち」を考えます。子どもに働きかけます。子どもたちは役の練習をとおして、台詞や動作を反復して覚えるだけでなく、作品の世界に深く寄り添いながら、友だちを思いやり、相手の気持ちを考える習慣を身につけていきます。

144

なでしこ流メソッド

16

くらべる相手は「一日前」。

まわりの子どもとくらべるのではなく、昨日よりできるようになった「伸び幅」を見つめたい。自分なりの前進が認められ、一緒に喜んでもらうことが、成長を後押しする。

Chapter 11
まわりと協調する

末っ子さん、長男くん、一人っ子さん——
お家での「キャラクター」は、
園で出会うたくさんのお友だち、そしていろいろな年齢の子との
かかわりをとおして、キラリと光る部分を宿すようになります。

#『ママたちの新発見』

すみません
遅くなって
しまいました
いま
4・5歳さんと
一緒にいますよ
延長保育の時間は
ひとつのお部屋で
一緒に過ごすん
です
はしったら
あぶないよ
はーい
うちはいつも
お迎えが
早いので
見るのは
初めてです
なにしてるの？
あ、望と
勇介くん
ま♡
一緒に
遊んで
くれてる～！
きゃ～♡
どれに
しようかなー
悩んでたころの
私に
見せてあげたい！
※3話
兄弟と
いえば…
勇介くんと
みみちゃんは
一緒にいないん
ですね
女子部
ドキドキ
なーの～
園ではだいたい
離れてますね
そういう兄弟が
多いですよ
へぇ――
兄弟って面白いなぁ…
←自分もひとりっこ

3～5歳で グループに 分かれて遊ぶ 「なでしこタイム」 という時間が あって…
望ちゃんと 勇介くんは同じ バナナチーム なんです
チーム名は フルーツ名なのです
行事でもよく このグループで 活動します
そういえば 運動会でも…
で 3～5才がチームにわかれて 一緒に踊っていた。
上条さん！
椎名さん こんばんは！
いまちょうど はなしてたんです
なになにー？
みみとより 仲良し じゃない？
兄弟みたいで 嬉しいです
のぞみちゃんの ママきたよ
のぞみちゃん バイバーイ
ばいばい
良かったね のんちゃん…
では お先に…
また あしたねー
上条さん 喜んで ましたよ
みみちゃんや 勇介くんが とっても 仲良くして くれるって
みてー おだんご かちかちよー
しろいすな かけようね
うちの子 たちが？

Chapter 11 まわりと協調する

ばあー
ぎゃはー
だいじょうぶ
おもくない?
トイレつれてってー
手をつないで行こうね
あっち見に行く?
……
こくり
しっかり
ぴっとり
バナナチーム
みかんチーム
勇介は他チームにもモテていた!!
いろんなかたちの仲良しさん♪
しんくろないずど
すみんぐー
やだー
きゃはー
なにー?
オーライ
オーライ
おいしょー
みんな楽しそうねー
かどっこきをつけてね
はーい
このチームももう少しで終わりね
あのね あのね
なーにー?
すっかり仲良し
ボクこっちやるからゆーすけあれね
がってん!!
時々兄弟みたいに見えますね
それに5歳さんはホントお互いに協力できるようになりました
完成!
スゴーイっ!!

Chapter 11 　まわりと協調する

トレテテテン
きょろ
みんなと違う？
？
？
あり？
んぼー
こっちだよ！
わっかになるんだよ
えへっ
子どもたちが自分で音を聴いて
そーだっけ～
←さっきの3才児クラス
こんなかんじーとんからぽーん
とんとーん!!
大丈夫？
おっけー!!
せーのっ
お花!!
他の子の動きも見ながら体を動かすんですよ
音感をつける遊びだと思ってましたけど違うんですね
ええ
音楽をとおして子どもたちの間にみんなでがんばろう！という一体感も生まれますね
ステキですねー！

Chapter 11　まわりと協調する

先輩ママ＆保育士に学ぶ！

01 お友だちが帰ってからも楽しく

[先輩ママの声]

パート先の繁忙期には、延長保育を利用しています。以前は延長保育と聞いて、お迎えに行くまで寂しそうに待つ子どもの姿をイメージしていました。実際には、異なる年齢の子どもたちが一つのお部屋に集まり、先生も入って楽しそうに遊んでいます。一度、延長保育の子どもの様子を目にすれば、これなら心配いらないな、と思えるはずです。（椎名）

[保育園から]

延長保育を普段利用しないご両親の中には、お迎えが普段よりも遅くなると気が気でない、という方がいらっしゃいます。たしかに、子どもはお父さん・お母さんとの「再会」を心待ちにしていますが、保育園では延長保育の時間でも子どもたちが楽しく過ごせるよう配慮しているので、いつもより遅いお迎えの日でもご安心ください。そのうえで、お迎えの瞬間の愛情表現にはいつも以上の思いを込めていただければと思います。（園長）

02 異なる年齢の子どもとかかわる

[先輩ママの声]

うちは私も娘も一人っ子ですし、これまであまり他の年齢のお友だちと遊ぶ機会がなかったんです。でも、保育園に入ってからは、年長のお兄さん・お姉さんがとても仲良くしてくれています。一緒に遊んでいる様子が、まるで兄弟姉妹みたいで、保育園に通わせていて良かったって思いました。（上条）

[保育園から]

一人っ子や末っ子だとしても、保育園における異年齢との関わりの中で、年長の子は年下の子と手をつないだりやさしく気づかったりして、年下の子どもへの接し方や、思いやりを学びます。年下の子の方も、年長の子への憧れの気持ちを持ち、お兄さん・お姉さんになった時、自分がしてもらったように、年下の子にやさしく接するようになります。（園長）

03 みんなで遊ぶ楽しさを知る

[先輩ママの声]

うちの子は小さいころから、動き回って遊ぶよりも、ホヤお花を見て楽しそうにしていることの方が多かったです。3歳になったいまでも、走り回って遊ぶのはあまり好きではないみたい。でも保育園では、友だちと一緒だから、運動遊びやリトミックも楽しんでいるようです。家とは違う雰囲気のなかで遊んでいることを、嬉しく思いますね。(上条)

[保育園から]

5歳児クラスになると、友だちと二人組を作ったり、グループに分かれたりするような活動もあります。その時、自分ができれば良い、自分はやりたくないから関係ないのではなく、参加することで達成感や、時に悔しい気持ちを味わったりしながら、みんなで同じ目標を持ち、挑戦することの楽しさを知ってほしいと思います。(藤井)

ゆっくり「おにいさん」「おねえさん」になる

ある日、家族に「おとうと」や「いもうと」が加わり、それまで名前でしか呼ばれたことがなかったのに、突然「おにいちゃん」や「おねえちゃん」と呼ばれる。4歳になったとたん、何かにつけて「年中さんなんだから…」と言われる。――子どもにとっては、昨日までの自分と何も変わったところはないのに、急に「新しい自分」への変身を求められるようなものです。弟妹が生まれた途端に"赤ちゃんがえり"が始まった――という話はよく聞かれます。「今までのように構ってもらえなくなること」への戸惑いと寂しさからくる、「もっと構ってよ!」という子どものサインです。

たとえば、"抱っこ"の時間は、どうしても小さな子どもの方により多く割かなくてはなりません。お母さんが「おとうと」を抱っこしていたら、その間は「おにいちゃん」にとっては我慢の時間です。けれども、「おとうと」はまだお母さんと手をつないで歩くことはできませんし、晩ごはんのおかずを真っ先に味見させてもらうこともできません。そうした、「小さな特別扱い」の時間が、新米おにいちゃんにとって大きな意味を持ちます。

本来、子どもは高い成長への意欲を秘めています。「新しいことができるようになった自分」に胸を張り、保育園で接する年上の子どもとの関わりを通じて、「自分もああなりたい!」という憧れの気持ちを抱きます。お父さんやお母さんからの「いつも気にかけているよ」「あなたが大切だよ」というメッセージがもたらす安心感が、子どもをゆっくり、そして自然に「おにいさん」「おねえさん」へと変えていきます。

お母さんの気持ち

「超マイペースだと思ってた！」

　第5章で渾身の「ありがとう」を見せてくれたみみちゃんですが、"超マイペース"な子——これが、日々のみみちゃんを見守る椎名さんの、みみちゃん評でした。そんな椎名さんにもたらされたのが、主任の神崎先生からの、「みみちゃんはしっかり周りを見てますね」という情報です。

　子どものことを一番よく知っているはずのお母さんでも、子どもの「すべて」を知っているわけではありません。一方の神崎先生も、お家では「それきらい！」といって食卓を立ち、イーッをしていたみみちゃんの様子はなかなか想像できないでしょう。

　そう、子どもはしばしば、お家と保育園とで、全く違う顔を見せるものです。お家では全く聞き分けがなくて、行儀よく座っていることもできないという子どもが、保育園では、みんなと一緒に大人しく席につき、保育士の話を聞く——というように、お家での様子がすべてと思っていたお母さん・お父さんが驚くような「変身」も珍しくありません。また、お家では穏やかでどちらかといえば物静かな子が、保育園ではお友だちとおもちゃの取り合いをしたり、その結果相手の子を泣かせてしまったり——というようなケースもあります。椎名さんの場合

のように、嬉しい発見ではなく、ワガママなところや、うまくお友だちと付き合えない一面に気づくこともありますが、それも成長の一過程です。

　お友だちとのケンカや日常のトラブルを通して、自分に「こうしたい！」という思いがあるように、相手にも「こうしたい！」という思いがあるのだということに気が付くところから、子どもの協調性は芽生えます。自分と相手が互いに納得できる"接点"を見つけるという経験を繰り返していく中で、お家ではなかなか顔を出さなかった「やさしさ」や「頼もしさ」を身につけていきます。

156

なでしこ流メソッド

17 ひとつの出会いが、ひとつの長所に。

保育園で出会う先生や、年上・年下を含めたたくさんの友だちとの触れあいが、内面に新たな魅力を授けてくれる。

心とからだをつなぐ リトミック

ときは20世紀初頭。スイスで新しい音楽教育が生まれました。

楽器演奏の習熟のためには、楽譜を前にひたすら練習に励む——

それが、それまでの音楽教育の方法だとすれば、新たな音楽教育が重きをおいたのは、まず音楽そのものを聞き、音色の抑揚や旋律の機微を感じることでした。ある音楽の「再現」ではなく、自らが感じたものを「表現」することを目指したのです。

ただし、「表現」のためには、「感じる心」を研ぎ澄ますだけではなく、それを「からだの運動」へと結びつけることが必要でした。譜面どおりに弾きこなすのではなく、その楽曲が本来持っている"ニュアンス"やリズムに呼応しながら演奏するためには、心とからだの息が合った状態でなくてはならないからです。

いくつもの音符から立ち現れるさまざまな"ニュアンス"を注意深く聞き分ける力と、それを味わい、感じることのできる心、そして心と一体となった「からだ」によって表現しようとする前向きな気持ちを育む手法として、「リトミック」は各国の音楽教育に浸透していきました。

なでしこ保育園のリトミック

新たな音楽教育として誕生したリトミックは、やがて幼児教育の現場でも盛んに取り入れられるようになりました。もちろん、楽器演奏や作曲の能力を引き出すことが目的なのではありません。一般的には、子どものためのリトミックは、大きな可能性を備えた豊かな人格形成を目的としています。音楽を全身で味わうなかで、身体的、感覚的、そして知的側面のすべてにおいて、これから身につけていくべきものをより吸収しやすくする「器づくり」ができるからです。

そしてなでしこ保育園では、人が多くの人と関わり合いながら、自分らしく生きていくために大切な二つのもの——「心とからだの調和」「協調性のあるふるまい」を育むことにとくに重点をおいて、毎日の活動にリトミックを取り入れています。

世界一周にでかけよう！
のぞいて見よう
ある日のリトミック
（3歳ほしくみ）

フラフープの
飛行機で世界一周！

158

音楽の役割と子どもたちの反応

リトミックでは多くの場合、指導にあたる保育士の声かけとともに、
音楽（ピアノの音）が子どもたちの動作を導きます。
またその方法は、子どもの年齢やシーンによりさまざまに変化します。
以下は、各年齢ごとのリトミックで特徴的な音楽の役割と、子どもたちの反応です。

1〜2歳

1歳児は、保育士やお母さんとのスキンシップを基本にして、歌をうたったり、タンバリンなどの楽器に触れたりすることがメインです。また2歳児では、動物や乗り物をからだで表現する「ごっこ遊び」ができるようになります。

ピアノは、ある時はごっこ遊びの世界を支える伴奏となります。子どもたちの気持ちを盛り上げて、「楽しい気持ち」「わくわくする気持ち」で満たしながら、「思わずからだを動かしたくなる」ムードを作っていきます。

2〜3歳

2歳ころから次第に、音の強弱や高低に反応して、からだの動きを「大きく・小さく」「軽やかに・重々しく」変化させたり、音階の上がり下がりやリズムの変化に決まった動作で応じたり、ということができるようになります。

保育士の言葉がなくても、子どもたちはピアノの音に「からだの運動」で応えることができるようになります。

4〜5歳

4〜5歳になると、ピアノの音を聞いてイメージを膨らませながら、それを自分なりの動作として表現することができるようになります。例えば、短調のメロディを聞き、"重々しい"気持ちを感じ取り、それをからだで表現します。ピアノの音に対する自分の「感じる心」に耳を澄ませ、そうして形づくったイメージにより、自分なりの「からだの運動」を生み出すのです。

また、複数人のグループを作り、音楽に合った動きをグループごとに考えたり、それをみんなの前で表現したり、ということができるようになります。

「心とからだの調和」を育む

「心とからだの調和」を別の言葉に言い換えると、「指先の一本一本にまで神経（気持ち）が行き渡った状態」と表現することができます。例えば、ピアノの高音が、優しいタッチで鳴らされたとき、子どもたちの足は、音を立てずに床の上を軽やかに蹴り上げます。それが低音の力強い和音に変わると、足の裏全体がぐっとかたくなって、床に思い切り踏み下ろされます。また、弾むような音楽に合わせて、友だちと「くすくす」微笑み合いながら自由に走り回っていたとしても、保育士からの「並びましょう」の合図に気づいたとたん、背筋も眼差しも「気をつけ」のためのまっすぐなものに変化します。

心とからだがしっかり結びついていると、ふるまいは、周囲の状況に応じて変化します。また、ふるまいに気持ちがこもると、場面にふさわしい行動を自然と選ぶことができるだけでなく、相手に対して自分が抱いている思い——親しみの気持ちや感謝など——を全身で表すことができます。

さらに、感情の表現も、心と体がしっかり調和しているからこそできるものです。例えば、とても嬉しいことがあったときに、その場でぴょんぴょんと飛び跳ねる子どももいれば、全力で駆け出したり、近くの大人にぎゅっと抱きついたり、また満面に笑みを輝かせたりする子どももいて、表現の仕方はさまざまです。何らかのかたちで表現する「嬉しい」思いを、あるいは言葉にならない気持ちを外に向かって表現することの積み重ねによって、他者との豊かなコミュニケーションに不可欠な自己表現の方法を身につけていくのです。

「協調性のあるふるまい」を育む

リトミックは、自分の「心とからだ」を結びつけるだけでなく、友だちの「心」に触れる機会ももたらします。子どもの「協調性を育む」ことは、リトミックで、とくに重点を置かれるようになった側面です。

例えば、「汽車」になって、前の友だちの肩に手を置く。手をつないで大きな円を作り、音楽に合わせて円の中心に集まったり、また広がったりする。音階に合わせて全力で走った後に、つまさき立ちで静かに歩く——。友だちと一緒にリトミックに取り組む時間、子どもたちは音楽に集中しながら、同時に、友だちの「呼吸」にも耳を澄ませることになります。

友だちの肩に置いた手の平から、また向かい合った友だちの顔を見つめる目から、そして前後左右を走る友だちの足音や息づかいを聴く耳から——。無意識のうちにあらゆる感覚を総動員して、「ちょうど良いスピード」や「ちょうど良い間の取り方」、「ちょうど良い歩幅」を察知するのです。こうした、文字通りの「ふるまい」における協調性の根底の部分にあるのは、相手への「思いやり」にほかなりません。

周囲の友だちがどんな気分でいるかを感じること、また今何を望んでいるかを想像することは、繰り返し触れあい、関わりを積み重ねるなかでできるようになっていきます。ときには自分が望んだとおりの反応を返してくれなかったり、ケンカになってしまったりしたやりとりが、自分の態度をほんの少し変えてみたら、相手が笑顔で応えてくれるようになった——という体験を積み重ねるうちに、「人の心の機微」を感じながらふるまうことができるようになります。この「協調性」によって、自分も相手も気持ち良く過ごせる時間を生み出すことのできる人間性が形成されていくのです。

タイヤを
トントントン

その前に
飛行機の
しゅうり

屋根を
トーントン

窓を　ハーッ
シュッシュ

あー
楽しかった！

おしまい

音楽が引き出すさまざまな力

次の四つのふるまいがキーとなって、
「心とからだの調和」そして「協調性のあるふるまい」が
次第に育まれていきます。

動くこと

✢運動神経 ✢反射神経 ✢即応性

　「歩く」という動作を一つとっても、「つま先立ちで」「すり足で」「早足で」「小股で」というようにバリエーションがあります。これらは、一つずつ、実際に行ってみることで初めて身につくものです。さまざまな動作を、音楽にのって繰り返して行うことにより、それぞれの動きに必要なからだの使い方が「自分のもの」になっていきます。

聞くこと

✢注意力 ✢集中力 ✢判断力

　子どもたちは、ピアノの音色や保育士の言葉、また友だちの気配に耳を澄ませます。ピアノの音はどう変化したか、保育士はなんと言っているか、また友だちはいまどんなことを感じてどのようにふるまっているかということに絶えず意識を集中させながら、流れる音楽のリズムのなかで自分はどうふるまうかをとっさに判断することができるようになります。

「心とからだの調和」

「協調性のあるふるまい」

表現すること

✢表現力 ✢想像力 ✢自主性

　感じたことからイメージをふくらませ、それを「動作」として表現します。同じモチーフであっても想像力の広がり方は一人ひとり違います。表現の中に、その子の持ち味が発揮されます。また、近くにお手本がいなかったり、周りの友だちが別の動きを表現していたとしても「こうやって動きたい」という自分の意思を実際のアクションに結びつけるうえでは、高い自主性も必要となります。

関わること

✢協調性 ✢社会性 ✢積極性

　友だちと二人組になって動作を考える場合、相手が賛成してくれるか、反対の場合はどうしたら賛成してもらえそうか、など、「相手の心」を考えながら自分自身の行動を変化させていく必要があります。また、複数人で活動する場合には、「みんなを盛り上げる」「困っている様子の子に寄り添う」など、それぞれが得意とする役割のなかで持ち味を発揮するようになります。

Chapter 12　地域とのつながりを感じられるようにする

Chapter 12
地域とのつながりを感じられるようにする

卒園しても時々、ほいくえんにあそびにいくの

自分の家、そして保育園に次いで、
暮らしている地域にも「居心地の良さ」を感じられるようになった時、
子どもの「社会」への一歩が始まります。

#『この町が好きです』

ざわ　ざわ　ざわ

今日は地域の秋祭り

わっしょい!!

しゃらん
あっ出てきたっ!

163

わっしょい
わっしょい
きたきた!
あ
保育園では毎年
手づくりの
おみこしを
かつぎます
わっしょい
わっしょい
わっしょいしょーい
すっかり町の
名物だね
先生!
はい?
ねえ
せーので
わっしょいやろ!!
うん!!
せーの—
わっしょーい
わっしょーい!!
わたし通りすがりなんですけど
もービックリ!!
子どもたち
とっても
かわいい
ですね!
まあ
ありがとうございます!!
はーい
車もくるから
端によって
くださーい
わっしょい
わっしょい
おー!!
だれー?
せんせい
かいとくんの
おじーちゃんよ
やってるねー
いつも
ありがとう
ございます
こっち
むいてー
おばーちゃーん
こんにちはー

Chapter 12 地域とのつながりを感じられるようにする

今日かっこよくできたらしいじゃない
まーね！
あっち!!
ひみつ？
そーだ！
今日とおったとこ以外にもね秘密の道があるよ
保育園のお散歩で発見したのー
今日は時間もあるし行ってみるか！
ここは大きな犬がいてねー
でかっ!!
ここはいつもお花がいっぱいなの
きれーい洋風〜
この地域に憧れて引っ越してきたけど…
ぜったいこのあたりがいいー!!
今日子がいいんならいいよー
カワイー!!
次の年には勇介が生まれてすぐみみも生まれて…
のんびり散策もしたことなかったなぁ…
あれなーに
なにかなー
そんでねそんでね
ここはいつもおじいちゃんがいるから
すごい門構え!!
あんたよそさまんちの前で!!
チカンに追いかけられたら逃げ込んでいいの！
いいよ
あーれえ
ワシ柔道5段!!
わわわっ
ズズズズ!?
こんどならいにおいで
うん
子どもたちのほうが町になじんでるみたい…
また「よりみち」しようね！
うんっ!!
よし！スーパーいって明日のお弁当の用意しよう
ママーケーキもかってー
？

Chapter 12 地域とのつながりを感じられるようにする

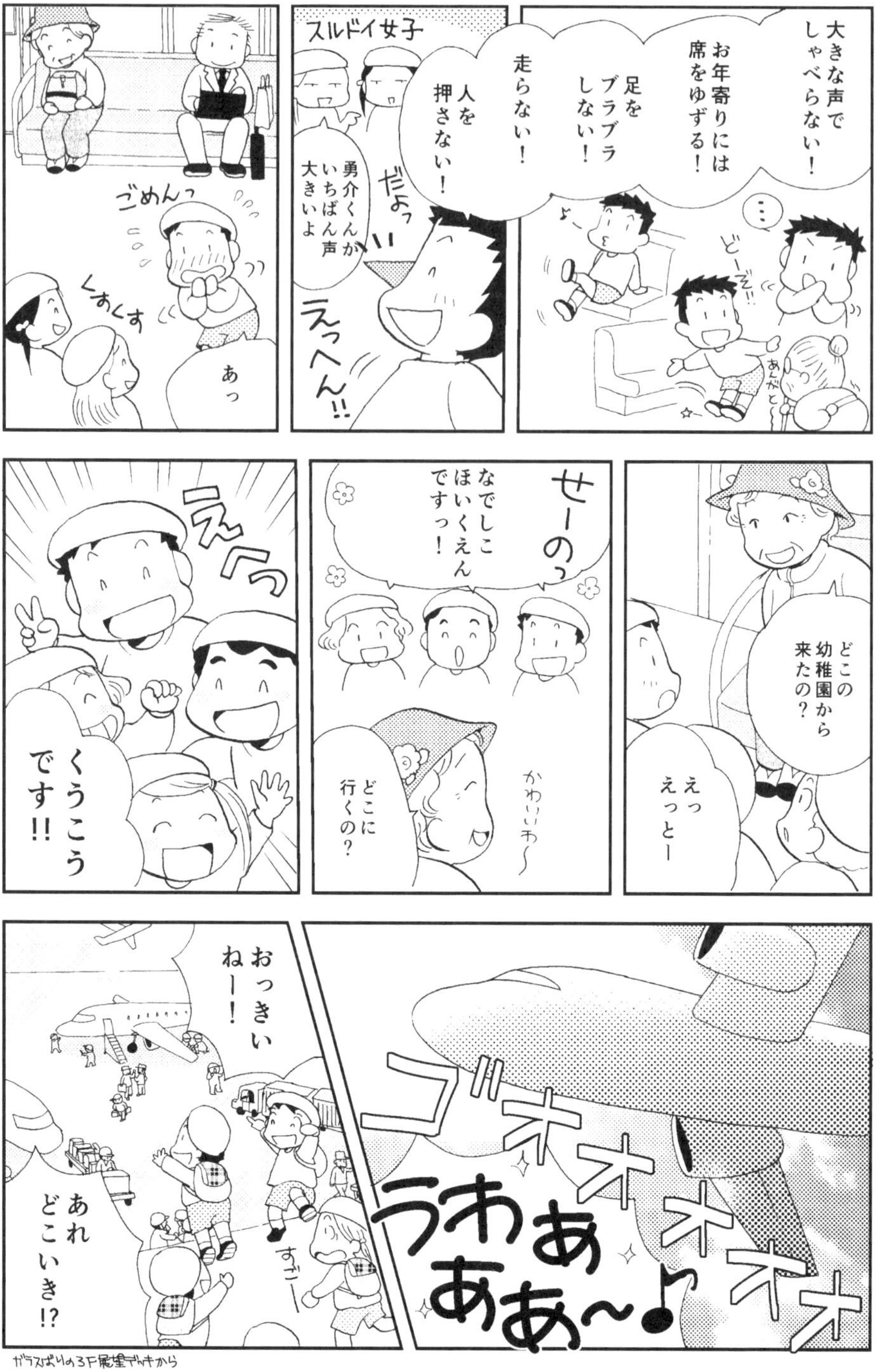

ガラスばりの3F展望デッキから

Chapter 12 地域とのつながりを感じられるようにする

保育園でプロのコンサートが聴けるなんて♪
おやこ こんさーと
終ったらどこか遊びに行きましょ！
とにかく記念写真
ハイ？
あのー…
コンサート会場はこちらでいいんでしょうか？
みたことない方…
あぁ ええ そうです
ようこそ みなさん
子育て応援事業で今日は地域の方もたくさん遊びに来られています
情報通再び
保育園に通ってない親子も園で一緒に遊べる曜日を設けたり
行事に参加できるようにしたりしてるんですよ
いまは実施してる保育園が多いですね
こちらのいすへどうぞ
ありがとー
へぇ… 知らなかった
さっきの方もそうだったのね
それなら1人で子育てする不安も少しは減るわよね…
ぽつん…
あーん あーん
のんちゃん0才
夫は出張がちで実家も遠かったあのころ…
はじめまして
あら～ あなたおいくつ？
ぶたー!!
前に住んでた町ももっと好きになれたかも…
じゃんっ♪
いまは私も望も
パチパチ
こんなのはじめて～
スゴーイ
ホントステキ
ですね～
この町が大好きです

先輩ママ&保育士に学ぶ！

01 地域の一員として活動する

[先輩ママの声]

保育園では、地域のお祭りに合わせて、毎年、自分たちでつくった神輿をかついて商店街を練り歩くイベントがあるんです。子どもは、商店街の方々から「元気が良くてかわいいね」「お神輿を見せてくれてありがとうね」などと言われて、嬉しそうでした。（上条）

[保育園から]

地域のイベントに合わせて御神輿をかついだり、子どもたちと行灯に絵を描いたり、地域を象徴する木の苗をもらって一体となった活動に積極的に参加したいと思っています。地元の方々と関わっていく中で、子どもたちが、地域の一員として活動する喜びを感じられるようにしたいですね。（園長）

02 地域を知る機会を増やす

[先輩ママの声]

子どもたちは保育園でよくお散歩に出ているので、一緒に寄り道したりすると、私よりも近所の方々のことやお店のことに詳しくて、裏道もよく知っていてびっくりします。子どもたちが、地元の方々に顔を覚えてもらって、関わりを楽しんでいる様子に、地域の中で子どもが育っていることを感じ、とても安心しています。（椎名）

[保育園から]

特に5歳児クラスは普段からよく散歩に出て、ご近所の方に会うときちんと挨拶もできるようになっているので、「いつも元気でいいねえ」「今日はどこに行くの？」と笑顔で言っていただきます。よく知る場所や、よく知る人ができると、その町に対する安心感や愛着も増します。また、保育園が地域の一員となることで、子どもにとって、保育園がふるさとのように居心地の良い場となったらいいなと思っているんです。（園長）

03 地域の親子の触れ合い

[先輩ママの声]

保育園によっては、保育園に通っていないご家族が遊びに来て、一緒に遊んだり、行事に参加したりする日を設けているところがあります。

私も仕事を始める前、長男を連れてよくなでしこ保育園に行きました。子どもは同じ年ごろのお友だちと接して楽しそうでしたし、私も、お母さんたちや先生たちと話ができて、とても心強く感じたものです。（椎名）

[保育園から]

保育園以外にも、幼稚園、各自治体の子育て支援センター、民営の育児・子育てサークルなどが主体となって、親子の交流の場が設けられていたり、絵本の読み聞かせや工作遊び、親子で参加できる遠足のようなイベントが実施されていたりします。また、子育て中のお母さんたちを支える取り組みも各地域で行われているので、参加をおすすめしています。（園長）

「みんなが気持ち良く」を考えるレッスン

　子どもは、入園によって初めて、家の外にある「保育園」という世界を知ります。お友だちと一緒に遊ぶことや、園のリズムに合わせて活動することをとおして、自分自身も含めた園のみんなが、気持ち良く過ごすために必要な振る舞いや姿勢を身につけていくのです。

　「家」、「保育園」、そしてさらにその先にある「社会（公共の場）」についても同じことが言えます。家から一歩外に出ると、そこでは様々な目的を持ったあらゆる年齢の人たちが活動しています。公共の場に集う人々にとって「気持ち良い」振る舞いを、徐々に身につけていかなくてはなりません。

　一方で、体力が十分でない子どもにとって、外で長い時間を過ごすことは、とても体力のいることです。そのため、外出中に「わがまま」が顔を出すのも、ある程度は仕方のないものとして受け止める必要があるでしょう。

　そうした子どもの"力の限界"を理解したうえで、「なぜその行動は良いのか」「なぜその行動をしてはいけないのか」を言い聞かせることにより、周囲にとっての「気持ち良さ」を考えられるように、徐々に導いていきます。例えば、みんなが座る椅子に靴を履いたまま上がったら、次に座る人はどんな気持ちがするか、電車の中で食べ物を食べたら、こぼれた食べかすを誰が掃除するのか——など、お母さん・お父さんや園のお友だちのように、普段から心を通わせているわけではない人の中にいるときでも、「相手を思いやろうとすること」の積み重ねが、公共の場で、「みんなが気持ち良く」過ごすための振る舞いを身につけるレッスンになります。

ピンポイントで見る
遠足で広がる社会

遠足には、「社会のルール」を知るきっかけが詰まっています。
公共の乗り物の中で、クラスの仲間と一緒に身につけていきます。

時間が決める

電車には決められた発車時刻があり、その時刻が来れば、たとえ乗ろうとしている人がホームにいても、発車ベルとともにドアは閉まります。「自分のペース」とは別に「時間」というルールに従い動くものごとがあるということを、意識できるようになります。

大人との会話

子どもにとって、身近な「大人」は、保育園の先生とお父さん・お母さんを始めとする親族に限られている場合がほとんどです。どんな相手に対しても、普段心がけている挨拶や、正しい言葉づかいを忘れることなく接することができるようになるためには、さまざまな会話のきっかけを持つことが大切です。

乗り物の乗り方

駅では、切符を持って、改札を抜ける時は順序よく並び、立ち止まる時は、ほかのお客さんの通り道をふさがない——ホームに行くまでの間にも、いくつものルールが存在しています。遠足で定期的に電車を利用することで、自然と身につけることができます。

車内での気配り

他の乗客のことを考えて振る舞う、また荷物が多くて困っている人やお年寄りがいれば席をゆずったり、手を貸したり——という車内での気配りは、社会で暮らすうえで、人が忘れてはいけないルールにつながっています。子どもにとって、電車は、「社会」への入り口の第一歩になります。

すぐできるヒント
楽しい「お出かけ」の前に

子どもと一緒のお出かけの日は、帰宅するまで笑顔でいたいもの。出発前に、「約束」してみましょう。

前もって約束を伝える

その日の予定や約束事は、その場所に着いてから子どもに伝えるのではなく、「電車に乗ったら、大きな声で話さないようにしようね」「着いたらご飯を食べる前に、○○を見に行くよ」など、あらかじめ話しておき、心の準備ができるようにします。

守れなかったら、その場でもう一度伝える

楽しくて興奮したりすると、子どもは事前にした約束を忘れてしまうことがあるので、その場合はもう一度、伝えるようにしましょう。また、「疲れた」「眠い」と言ってぐずる場合は、体力がついていかない状態なので、予定を早く切り上げるなど、柔軟に対応します。

どうしてもうまくいかない日は、「また今度」

約束が守れず、注意がきけない日も、あるでしょう。そんな時は、「それならお家に帰ろう」と言って予定を中断してしまっても良いでしょう。同行者がいる場合や、予約のある予定では難しいかもしれませんが、乗り物からいったん降りたり、人のいない場所に移動したりするだけでも、子どもの心を落ち着かせるうえで効果があります。

今日できなくても、次回は新たな気持ちで

何度言っても聞きわけが良くならないと、諦めの気持ちにおそわれがちです。しかし、どうしても守らなくてはいけない約束は、根気強く、毎回新しい気持ちで言い聞かせます。また、約束が守れた時はしっかり褒めると、子どもは約束を守ることの心地良さを覚えていきます。

174

なでしこ流メソッド

18 社会につながるお出かけ。

お散歩やお出かけが、多様な人々が集う場所での振る舞いを教えてくれる。わがままにも優しさにも、「社会」の反応が返ってくる。

19 地域を「居場所」に。

まずは地域に心を開く。子どもの手を引いて寄り道してみる。生活する場所と、そこに暮らす人々との関わりを通じて、親しみや安心感を覚えるエリアが広がっていく。

Chapter 13
小学一年生になったら

子どもたちが10年後 20年後 しあわせであるように……

なでしこ保育園にまた、春が近づいて来ました。
お母さんたちは、何だかそわそわ……
長い長い宿題のお話です。

#『卒園おめでとう！』

2月——
もうすぐ卒園の季節です

保護者懇談会→

懇談会の後ホールを開放しますのでみなさんおしゃべりしていってください
お茶とお菓子も用意しました
本人の母です
どーもいつもおせわに
こちらこそどうぞ
初めて4人そろった!?
後半出番なかった
そうかも！
きゃー♪

176

ところでね
この前の音楽会で5歳さんが英語で挨拶してたでしょ？
あれかわいかったねー
うぇるかむ とぅあわこんさーと
れっつはぶ ふぁーん!!
私もそう思ってたけどこれがなるんですよね！
ちっちっ!!
うちの子もできるようになるかしら…
おしゃべりもままならないのに
皆さん そうおっしゃいますよ
海人も明らかにボキャブラリーが少ないからけっこー不安
さっきビューっていったらこっちにクイッていってちょんちょんしたらバーッてしてん!!
じゃべりが大阪のおばちゃん!!
波がチャキチャキだったぶん余計に…
もしやママ似なのでは…
訳 かあさんボクにゴハンをつくってくださいませんか
だっ!!
すちゃ!!
うちはまだまだ実感わかないなァ～
でも早めに考えないとって思います
そうですねー親ができることはしてやりたいな
小学校でついていけなくて苦労するのは子どもですもん
うちの子はみんなに追いつくのがやっとだけど…
がんばってるなって思うからいまはそれで十分かな
望ちゃんは3歳だものまだまだこれからです
うちは勇介がもう小学校だから…
でもムリヤリやらせても嫌がって終わるよね
毎授業ずっと座ってなきゃいけないのよォ
ムリにでもやらせることも小学生になったら必要じゃない？
勉強ギライになったら元も子もなくなーい？
放っておくと嫌いになるんじゃないかしらぁ？
ゴゴゴゴゴゴ
あわわ…
どっ…

まぁまぁ
どっちにしろ波ちゃんも勇介くんも優秀じゃない！
でも同じ団地の子は英会話とか塾とか行ってて…ついていけるか心配だよー
勇介にもドリルをやらせようとしたんだけど…
嫌がられたと…
たいへんね
でも実際塾とか行ったほうがいいのかな
友だちのトコは3才でピアノ習ってるし…
ねぇ園長先生
みなさんは
どうして習いごとをさせたいんですか？
どんな子どもになってほしくてと言ったほうがいいかもしれませんね
きょとん
む…それはまた…園長語録が出たぞ
改めて考えると難しいですね
これはお父さんお母さんが考えていく長い長い宿題ですね…

たっくーん
じーー
ボールがいっこ こっちにもいっこ ボールが2コだねー
ぼーるだーー!
そんなもんよね…
いまから勉強の準備って何ができるかな?
お皿あらう係〜
んー?
おーおー
ぐらぐら
おかし
ぶーーぶーー
コロコロ
まだまだこれからだろ?
楽しむ方が大切だよ
嫌いにならなきゃいいんじゃないの?
!!
好きこそものの上手なれ〜♪
やきゅうしよう
ほーれ
時々いいこと言うのよねー
少年よ大志を抱けー!!
けー!!
さすがー
どんなことしてんのかなあ…
れんらくノート
そういえば英語は園でやってるって言ってたな…
Hello, everyone!!
How are you today♪
I'm fine! Thank you!
I speak only English!
ボクニホンゴシカハナサナーイ!
日本人
カナダ人
せんせーすごーい!

My eyes are Blue!
先生の目は青いでしょう
あおーい かみのいろ きいろだね
The World is beautiful!!
世界にはいろんな人がいるよ
見た目も話す言葉も違うんだ
せんせーおもしろい
えーごのうたをうたおう!! たのしーよー!!
イエー!!
ポピンーン
みっあみよー
はーい
あーいざん いーやざん まーうざんの
めーみみはなのウタ
ぽー
ただいまー 今日のおやつはドーナツでーす
5こ入り3袋でおトクサービス!!
ドーナツ15コも!?
どーなつが
+
+
=
15 こ
アレっ 正解…
いま たしざん した!?
ボク5こ みみ5こ
あっ! もう たべてる!!
ゲームでやったのー
とーちゃんとかーちゃんが2人で5こ!!
保育園で習ったんか?
もぐもぐ
←立体パズル
カード図鑑
そうでしたかー
子どもは身近なところから文字や数字にも興味をもちますね
きょうは なんにち
3がつ 14にち すいようび
さんがつー
楽しく遊びながらどんどん覚えていきますよ
じぶんのなまえかけたよ!!
てつや
子どもの力はすごいです

Chapter 13　小学一年生になったら

なでしこ保育園
そつえんしき
キレイやー
さーくーらー
さーくーらー
桜木さん おはようございます
上条さん 佐々木さん
のーちゃーん
おはよー
たっくん おはようございます
とてとてた
勇介くん 今日で卒園ですね
あ 終わったみたい
先生方泣いていらっしゃるわ
私たちが初めて受けもった子たちなんです
5年間ずっとみてきたから…
卒園おめでとう勇介くん！
卒園証と思い出アルバム
ここまで育てられたのも先生のおかげですぅ〜
先生 ありがとうございました
それいーなー
みみのこともよろしくお願いします
ハイ！お任せください！
3人目ができても絶対ここに入れたいですぅー!!
わかる
よしよし
ありがとうございます
うわあん
うんうん

Chapter 13 小学一年生になったら

先輩ママ&保育士に学ぶ！

01 身近なものを"教材"にする

[先輩ママの声]
勉強に興味を持たせたくて、家でドリルなどをやらせてみたんですが、やる気が出ないみたい……。楽しみながらできるようにすると良いのではと思い、妹の面倒をよく見ることを活して、絵本を読んでくれるように言ってみました。ただ本を音読させようとしてもダメだったのに、妹には喜んで読んでくれています。（椎名）

[保育園から]
文字や数字などは、子どもに意図的に教えるのではなく、遊びの中に取り入れることで自然に覚えていけると良いでしょう。2歳くらいになったら、遊びの中で、「1、2……」と数えてみたり、4歳くらいになったら、つくったものに自分の名前を書いてみたり──保育園では、生活の中で、自然に楽しく使えるようにしています。（藤井）

02 知ることの面白さを伝える

[先輩ママの声]
保育園に英語遊びの時間があり、家でも子どもが英語の歌を口ずさんでいるのを聞いて、感動してしまいました。英語を話せるとか、英語の勉強が好き、というのとはちょっと違うみたいですが、いまはそれていいなって思っています。（椎名）

[保育園から]
小学校に入学した後、「この英語の歌、保育園で唄ってた歌だ」など と、授業の中で何かしら知っていることが出てくると、子どもは楽しみきっかけをつかむことができます。保育園で重ねた経験や体験は、小学校での生活を豊かにすることにもつながるでしょう。知ることの楽しさを味わうことが、学習に対する興味につながっていけば、と考えています。（藤井）

小さなきっかけを積み重ねよう

すぐできるヒント

文字も数字も、いつ頃からどうやって教えていけばいいのか、正解がないだけに「焦り」が先行してしまいがちです。でも何といっても、子どもが「その気」にならなければ、どんなことも身につきません。日常の中のちょっとした機会をとらえて、まずは興味を引き出したいものです。

文字を読む

絵本をゆっくり読みながら、文字を指でなぞったり、看板の大きな文字を見つけたら、指をさして一緒に声に出したりすることで、文字が持ついろいろな「形」と「音」を次第に覚えていきます。イラストが添えられていたり、押すと音が出るあいうえお表を使って、一つひとつの文字の違いを楽しめると、覚えるのも早くなるでしょう。自分で好きな本を読めるようになったらぜひ試してほしいのが、読書ノートの記録です。1冊ずつ本の名前を自分で記録するうちに、「読み」だけでなく「書き」の力も身についてきます。

数をかぞえる

子どもにとって一番初めの「数字」との出会いは、湯船につかって、お母さんやお父さんと声を揃えて数をかぞえる体験かもしれません。おやつのチョコレートや食後のフルーツを「一つ、二つ…」と数えながら食べるのも、「数字」への関心を高めるきっかけになるでしょう。

お風呂と同じく、毎日の生活の中で数字に触れるきっかけになるのが「カレンダー」です。お家で、手づくりの数字カードを毎日組み替える係に"任命"したら、「31」までの数字の連なりをいつの間にかマスターしてしまうでしょう。

英語で口ずさむ

英語となると、発音に自信がないとお手本を示すのに気がひけてしまいそうですが、ちょっとした挨拶言葉や、イベントでの決まりセリフであれば、楽しんで声に出せるでしょう。「Hello！」「Thank you」「Good Morning」など、ごく簡単な一言であっても、それが子どもにとって外国語への入り口になります。

また、英語の歌なら、お母さんやお父さんが完全にリードしなくても、音楽を流しながら一緒に口ずさむことができます。日本語とは違う響きの言葉があって、それを話す人がいるんだなーということをぼんやりとでも感じ取るきっかけにもなります。

お母さんの気持ち

「うちの子、ついていけるかな?」

小学校に入ったら、授業の間おしゃべりもせずに机の前に座って、もちろん国語も算数も勉強して——保育園での生活とはずいぶん違うような気がして、通う本人よりもお母さんの方が不安になってしまう、ということがあるかもしれません。たしかに、「遊び」が中心だった保育園での生活とは異なり、小学校で過ごす時間の中心は「授業」です。けれども、安心してください。子どもは保育園の生活の中で、小学生として必要になる力を、自分の中にしっかりと育んでいます。

授業をきちんと受けるためには、漢字の読み書きや、足し算・引き算よりも大切なことがあります。人の話を聞くための「集中力」と、それを持続する「体力」、そして何かを知ることを"楽しい"と思える「好奇心」です。この三つがあれば、教室で、背筋をピンと伸ばして、先生の話を真剣に聞くことのできる立派な小学一年生です。

みんなで一緒に

季節がめぐり、勇介くんは卒園、たっくんも、入園の時の大泣きがうそのようにすっかりたくましくなりました。子どもは、毎日の生活の中でたくさんの「初めて」を経験しながら、体も心も大きく育っていきます。

そんな子どもたちに負けないくらい、四人のお母さん(そして最後の昼食会には登場しないけれどお父さんたち)も、強く、明るくなりました。仕事を続けるためにたっくんを預けることに悩んだ桜木さんは、満面の笑顔で「行ってきます」「ただいま」を言えるようになりました。背中の湿疹を見つけられずに夫婦で落ち込んだ朝の体調チェックも、「ほけんだより」や「掲示板」で知識を積み重ねて、いまでは毎朝テンポよく確認していることでしょう。

途中入園で、口数の少ないのんちゃんのことを一人で思い悩んでいた上条さんは、いまでは浅見先生と手を取り合って、のんちゃんの成長を喜ぶことができます。

勇介くんと比べ手のかかることの多いみみちゃんにためいきをついていた椎名さんは、「躾」において本当に必要なことに気がつき、同時にみみちゃんのすてきなところを新発見しました。

四人のお母さんの中で一番のしっかり者の佐々木さんは、実は海人くんと波ちゃんの兄弟げんかが悩みのタネでしたが、いまでは、二人の心の声を聞くことができます。もう、自分のカミナリで空ちゃんを泣かせてしまうこともありません。

みんな、一人きりではできなかったことが、他のお母さんや保育士・園長先生との関わりをとおして、できるようになりました。新たな「できること」は、これからもっと増えていくでしょう。「一緒に育つ」のは、「なでしこ保育園」に通う子どもたちだけではありません。ここで出会ったお母さんたちもみな、一緒に育っていきます。

なでしこ流メソッド

20 好奇心はエネルギー。

多くを学ばせることではなく、「もっと学びたい」と思う好奇心を育む。
そのために、子どもの瞳が何に輝くのかを見出したい。

おわりに

　子育ては、楽しいものです。

　これまで泣いていた子どもが笑うようになる。自分の身体を支えることができるようになる。言葉を喋るようになる──こういった成長を間近に感じる楽しさを、子育てはもたらしてくれるものです。しかし、当然のことですが、良いことばかりではありません。夜泣きが収まらない、熱っぽいのではないか、おむつがなかなか取れない、などの心配や不安も伴います。

　現在の社会は、核家族化や都市生活化が進み、子どもを育てる母親は孤立しがちです。時として孤独感を持つこともあるのではないでしょうか。その背景として、かつては同じ家に住む家族や、近所の世話好きな人たちから、自然にもたらされた「子育ての知恵」ともいえる情報が、届きにくくなったことがあります。また、実際に手を貸してくれる人が近くに見当たらないこともあって、どのようにして子どもを育てていったら良いのかと、一人で思い悩むお母さま方が増えているのではないかと思います。

　そのような環境では、「きちんとした子育て」を意識するあまり、子どもに対して余裕のない言葉や、過度の期待を向けてしまいがちになります。こうした親子の関係は、子どもにとっても、親にとっても、決して望ましいものではありません。

　子どもにとって何より大切なものは、親から「愛されている」という実感であり、その過程において

おわりに

築かれた親子の信頼関係です。とくに幼児期に身につけたものは、その後の人生に大きな影響を与えることを考えますと、この時期に子どもがどれほど愛情を感じて、親子の絆を強く結ぶことができるかが、きわめて重要だと思います。

今の社会における子育ての現状に鑑みますと、子育てをする親に寄り添い、支えとなる存在の必要性を強く感じます。わたくしは、それが「保育園」だと思うのです。

従来、子どもを預かってくれる場所だったものが、今では有益な情報を提供してくれる、不安を解消してくれる、手を貸してくれる場所としての役割も期待され、実際にそのような機能を果たすようになりました。したがって、そこで働く保育士の責任は以前にも増して重くなり、常に保育士自身が、最新の情報に触れ、研修をとおして専門職としての資質を高めることを期待されています。

本書は、お母さま・お父さま方が、不安を少しでも解消し、今しか味わうことのできない子育ての楽しさを十分に実感してもらいたいという思いと、新たに保育士としてスタートしようとしている方に、わたくし共の経験から得た20のメソッドをこれからの保育・教育に少しでも役立ててもらうという目的から出版しました。制作にあたりまして、多くの方たちのお力と思いをいただきました。お陰をもちまして、素晴らしい充実した内容のものとなり、心から感謝いたしております。

この本が、一人でも多くの子どもたちの未来を照らすことの役に立ちますように。

学校法人摺河学園　理事長

摺河　美代子

［監修者］**片山 真知子**（かたやま まちこ）

短期大学卒業後、公立保育園（東京都板橋区）、私立幼稚園（兵庫県姫路市）での勤務を経て、高砂市立保育園（兵庫県高砂市）で保育士として22年間、園長として12年間勤務。在職中は、高砂市で初めてとなる幼保一体化導入の取り組みを進めた。
2007年4月、新たに開園した社会福祉法人ハーベスト 岡本ハーベスト保育園（兵庫県神戸市東灘区）の園長に就任。新人保育士が多数を占めるなかでの開園であったものの、設立理念である「大きな器づくり」のもとで、職員研修を重ね、「子どもと向き合い、子どもの笑顔がたくさん見られる保育」を目指してきた。全職員が、「神様がくれた仕事」という思いを胸に、一人ひとりの子どもとしっかり向き合い、日々のつぶやきに耳を傾けながら、子どもの思いを受けとめる丁寧な保育を積み重ねている。
＊2009年度プライバシーマーク取得（2011年度更新）、2012年度全国保育士養成協議会による第三者評価受審

◎制作協力：宇治佐知（岡本ハーベスト保育園　主任保育士）
　　　　　　山本和也（岡本ハーベスト保育園　チーフ保育士）
　　　　　　國松由起（岡本ハーベスト保育園　チーフ保育士）
　　　　　　摺河加小里（社会福祉法人ハーベスト　副理事長）

［発行人］**学校法人 摺河学園**（がっこうほうじん するががくえん）

1921年4月に創立した私立女子高校である兵庫県播磨高等学校（兵庫県姫路市）の経営母体。同校は、品位のある人格の上にこそ、勉学における優秀さが成り立つと考え、「心の優秀さを引き出す教育」をすべての教育の根幹としており、徹底した躾教育は全国的に高く評価されている。
2007年4月に岡本ハーベスト保育園（神戸市東灘区岡本）、2008年4月にはハーベスト医療福祉専門学校（姫路市南駅前町）をそれぞれ開設（岡本ハーベスト保育園の経営母体は社会福祉法人ハーベスト）。岡本ハーベスト保育園は、望ましい家庭生活を創造し得る女性の育成を「建学の精神」に謳い、高等学校での全人教育に取り組んできた摺河学園が、幼児期における"教育"がきわめて重要である、との考えのもとで誕生させたものである。
本書のマンガの舞台となる架空の保育園「なでしこ保育園」は、岡本ハーベスト保育園をモチーフにしている。

子育てのための なでしこ流メソッド20

2013年6月30日　初版第一刷発行

発行人　学校法人 摺河学園
　　　　〒670-0964　兵庫県姫路市豊沢町83番地
　　　　電話　079-224-1711（代表）
発売元　株式会社 河出書房新社
　　　　〒151-0051　東京都渋谷区千駄ヶ谷2-32-2
　　　　電話　03-3404-1201（営業）
編集協力　株式会社アピックス
印刷・製本　株式会社ディグ

乱丁・落丁本はお取り替えいたします。
JASRAC 出1305222-301
Printed in Japan 2013　　ISBN 978-4-309-90988-2